Wer erschoss Benno Ohnesorg?

Armin Fuhrer

# Wer erschoss Benno Ohnesorg?

Der Fall Kurras und die Stasi

be.bra verlag

Bibliografische Information der Deutschen Nationalbibliothek
Die Deutsche Nationalbibliothek verzeichnet diese Publikation
in der Deutschen Nationalbibliografie; detaillierte bibliografische
Daten sind im Internet über http://dnb.d-nb.de abrufbar.

© be.bra verlag GmbH
Berlin-Brandenburg, 2009
KulturBrauerei Haus S
Schönhauser Allee 37, 10435 Berlin
post@bebraverlag.de
Lektorat: Robert Zagolla, Berlin
Umschlag: hawemannundmosch, Berlin
Satz: typegerecht berlin
Schrift: Stempel Garamond 11/14,4 pt, Frutiger
Druck und Bindung: GGP Media GmbH, Pößneck
ISBN 978-3-89809-087-2

www.bebraverlag.de

# Inhalt

# »Wir wollen in Ruhe gelassen werden«

## Der verspätet enttarnte Stasi-Spion

So sieht also ein Mann der Zeitgeschichte aus. Einer, der die Gemüter erregt, eine ganze Protestbewegung quasi ins Leben geschossen, einen Menschen getötet und viele andere ans Messer eines kommunistischen Geheimdienstes geliefert hat. An diesem sonnigen Vormittag, im August 2009, steht er mit struppigen Haaren im Flur seiner Dreizimmerwohnung, trägt eine kurze Sporthose und ein T-Shirt und hebt wortlos die Hand zum Gruß. Vor ihm steht an der Wohnungstür eine kleine Frau, gebrechlich zwar, aber auch resolut. »Nein«, sagt sie entschieden, »wir sagen nichts mehr. Wir wollen nur in Ruhe gelassen werden«. Widerrede wird nicht geduldet. Sie knallt die Wohnungstür zu, der Schlüssel wird zweimal im Schloss umgedreht.

Man kann diese Reaktion verstehen. Im Mai 2009 war durch den verdienstvollen Aufsatz der beiden Historiker Helmut Müller-Enbergs und Cornelia Jabs bekannt geworden, dass Karl-Heinz Kurras - jener Polizist, der am 2. Juni 1967 während einer Demonstration den Studenten Benno Ohnesorg erschossen hatte – ein Spion des Ministeriums für Staatssicherheit der DDR war. Seither haben er und seine Frau keine Ruhe mehr. Zu groß war die Sensation: Ohnesorg war nicht von einem Vertreter des vermeintlich »faschistoiden« westlichen Imperialismus umgebracht worden, wie Vertreter des linken politischen Spektrums immer betont hatten, sondern von einem Handlanger der ostdeutschen sozialistischen Diktatur. Von einem Topagenten des DDR-Geheimdienstes.

Nach dieser Entdeckung belagerten Fernsehteams tagelang die sonst ruhige Straße im Berliner Bezirk Spandau, in der das Ehepaar Kurras in einem Mehrfamilienhaus lebt. Journalisten klingelten Sturm oder warteten vor der Haustür, bis Kurras heraus kam, um schon vormittags zu seiner Stammkneipe zu radeln. Und er gab ihnen, was sie wollten – pampige Antworten auf inquisitorische Fragen.[1] Hat er Ohnesorg im Auftrag der Stasi erschossen? Ist er also ein Mörder? Warum hat er überhaupt für die Stasi gearbeitet? Wie fühlt er sich heute? Tut es ihm wenigstens leid? Der alte Mann antwortete trotzig, uneinsichtig, widersprüchlich. Mal behauptete er, gar kein Stasi-Mitarbeiter gewesen zu sein; am Tag danach bezeichnete er sich plötzlich sogar als Major des MfS. »Das habt ihr noch gar nicht gewusst!« Dann und wann wurde er sogar ein wenig unflätig in seiner Ausdrucksweise. Vielleicht hatte er sich dann zuvor in seinen Keller zurückgezogen, um – was er nach Aussagen von Nachbarn gerne tut – in Ruhe ein Bier zu trinken. Das heutige Auftreten dieses Mannes ist erstaunlich, denn in den Akten erscheint ein ganz anderer Karl-Heinz Kurras: forsch, adrett, dem Alkohol abstinent.

Drei Aspekte der sensationellen Aufdeckung von Kurras' Tätigkeit für die Stasi sind es, die so elektrisierend wirken. Einmal stellt sich die Frage, inwieweit die West-Berliner Polizei in den vier Jahrzehnten der deutschen Teilung eigentlich vom MfS infiltriert war, was die Stasi wusste, wie sie an ihr Wissen kam und wie sie es nutzte. Die Aufklärung, an der Politik und Polizei lange kein Interesse hatten, steht erst ganz am Anfang und wird in absehbarer Zeit zweifellos noch vieles zutage fördern. Zum zweiten setzte sogleich eine Diskussion darüber ein, welchen Einfluss die Entdeckung auf das Selbstverständnis der Generation der 68er, auf ihre eigene Sicht der Geschehnisse rund um den Tod von Benno Ohnesorg, auf die anschließenden Studentenproteste, die damit verbundenen gesellschaftlichen Veränderungen in der damaligen Bundesrepublik sowie die Entwicklung hin zur Eskalation der Gewalt im Zusammenhang mit der terroristischen Rote Armee Fraktion (RAF) hat. Die Meinungen gehen weit auseinander; von der These, dass Kurras' MfS-Tätigkeit ohne Belang sei, bis hin zur Theorie, die Geschichte der 68er müsse neu geschrieben werden – ein Konsens scheint unerreichbar.

Diese Diskussion dürfte jedenfalls noch lange nicht zu Ende sein. Damit zusammen hängt die Frage, ob es möglicherweise zu einem neuen Prozess gegen Kurras wegen des Todesschusses kommen könnte. Zweimal wurde er 1967 und 1970 vom Vorwurf der fahrlässigen Tötung freigesprochen, obwohl vieles gegen seine Aussage sprach, er habe in Notwehr gehandelt. Viele Fragen blieben offen, Spuren wurden nicht verfolgt oder sogar verwischt. Nun sind neue Fragen hinzugekommen, möglicherweise ergeben sich in der Zukunft auch noch weitere Spuren. Ein neues Verfahren könnte es jedoch nur geben, wenn Kurras diesmal wegen Mordes angeklagt würde – und das wäre nur möglich, wenn der Nachweis gelänge, dass der tödliche Schuss auf Benno Ohnesorg im Auftrag des MfS abgefeuert worden ist. Die Diskussionslage wäre in einem solchen Fall vermutlich ziemlich konfus. Einerseits müssten viele der damaligen Protestierer einen neuen Prozess begrüßen, denn ihre Wut hatte sich alsbald nicht mehr in erster Linie auf den Täter Kurras gerichtet, sondern auf die Tatsache, dass er freigesprochen worden war. Doch würde er diesmal nicht als Vertreter eines vermeintlich faschistoiden System vor Gericht stehen, sondern als Vertreter der SED-Diktatur.

Angeklagt wurde Karl-Heinz Kurras Ende August 2009 zunächst wegen einer ganz anderen Sache, die zu einem weiteren spannenden Aspekt führt: wegen illegalen Besitzes von Waffen, die die Polizei in seiner Wohnung fand. Noch 22 Jahre nach seiner Pensionierung als Polizeibeamter und 42 Jahre nach dem vermutlichen Ende seiner Stasi-Tätigkeit hatte

Kurras Waffen in seinem Besitz. Sie spielten im Leben dieses Waffennarren von Kindheit an eine große Rolle. Das geht an vielen Stellen aus seiner Stasi-Akte hervor. Diese Tatsache deutet schon darauf hin, dass sich ein Teil von Kurras' Leben für die Stasi trotz seines Schweigens durchleuchten und beschreiben lässt.

Darum soll es in diesem Buch gehen. Viele seiner Schilderungen finden sich in den mehrere tausend Seiten umfassenden Akten, die seit dem Fall der Mauer als geheime Ablage fast zwei Jahrzehnte lang in der Stasi-Unterlagenbehörde vor sich hin schlummerten. Es sind Geschichten, die Kopfschütteln auslösen oder auch Empörung. Tatsächlich lesen sich Teile der 17-bändigen Akten streckenweise wie ein Politthriller. Und auch die Justiz interessiert sich für das, was Kurras in der Zeit von 1955 bis 1967 getan hatte. So sperrte die Bundesanwaltschaft einen Teil der Akten, um zu prüfen, ob Kurras den Studenten Ohnesorg im Auftrag des MfS erschoss. Auch die Akten eines Parlamentarischen Untersuchungsausschusses des Berliner Abgeordnetenhauses zu den Vorfällen vom 2. Juni 1967, die im Berliner Landesarchiv lagern, sind zunächst nicht greifbar, weil der Innensenator die Hand darauf gelegt hat. Das gleiche gilt für die Ermittlungsakten der Staatsanwaltschaft aus dem Jahre 1967. Diese liegen zwar als Kopie auch im Hamburger Institut für Sozialforschung. Leider aber fehlen darin just die drei Seiten mit der Aussage von Kurras über den Todesschuss.

Das vorliegende Buch zeichnet komprimiert, aber umfassend die zwölf Jahre während Stasi-Tätigkeit von Karl-Heinz Kurras nach. Es bringt neue Details, ordnet viele Ereignisse in einen Zusammenhang ein und korrigiert auch Fehler aus der Berichterstattung der Medien. Es geht, soweit dies möglich ist, der Frage nach, wer Karl-Heinz Kurras war und ist – und was ihn dazu bewog, sein eigenes Land zu verraten und

Regierung der
Deutschen Demokratischen Republik
Staatssekretariat für Staatssicherheit

Verw Groß-Berlin

Verw. / Bezirksverwaltung

Vertrauliche Dienstsache!

Abteilung/Kreisdienststelle _VII_

# Arbeitsvorgang

Nr. _5757/55_

Groß-Berlin _4263/61_

Kategorie: _GM_

Deckname: _"Otto Bahl_

Band: _III_

Datum der Anwerbung: _26.7.55_

Abbruch der Verbindung:

Archiv Nr.: **21200/62**

Anzahl der

Gesperrte Akte

BStU .
Archiv der Zentralstelle

MfS GH
Nr. - 2/70
Bd. 6

Siebzehn Bände mit insgesamt mehreren tausend Seiten umfasst die »Akte Kurras«, die im Mai 2009 von der Stasi-Unterlagenbehörde veröffentlicht wurde.

sich in den Dienst einer Diktatur zu stellen. Es nähert sich dem Menschen ein Stück weit an. Es ist aber keine Biografie, denn die Stasi-Akten geben nur einen begrenzten Ausschnitt von der Persönlichkeit des Protagonisten und seines Umfelds preis. Immerhin verraten die von Kurras verfassten Berichte einiges über ihn und seine Weltsicht, und auch die zahlreichen Einschätzungen seiner MfS-Führungsoffiziere lassen Rückschlüsse auf ihn zu.

Nicht zuletzt bekommt der Leser einen Eindruck davon, wie stark die West-Berliner Polizei schon seit den 1950er Jahren von der Stasi unterwandert war. Detaillierte Untersuchungen zu diesem Thema sind dringend nötig, denn das Ausmaß scheint größer gewesen zu sein, als wir es uns bisher vorstellen mögen. Karl-Heinz Kurras jedenfalls war nur ein Rädchen im Getriebe des großen MfS-Überwachungsnetzes. Aber ein wichtiges.

# »Eine forsche Erscheinung«

## Der Spion, der aus West-Berlin kam

Am 19. April 1955 betrat ein junger Mann von 27 Jahren das Gebäude des Zentralkomitees der SED in der Ost-Berliner Wilhelm-Pieck-Strasse und bat an der Wache, mit einem Vertreter des Ministeriums für Staatssicherheit sprechen zu dürfen.[1] Warum er sich ausgerechnet in der Schaltzentrale der Partei meldete, um einen Kontaktmann der Geheimpolizei zu sprechen, ist nicht ganz klar. Möglicherweise wusste er als West-Berliner ganz einfach nicht, wo das Ministerium für Staatssicherheit residierte. So hatte er sich über die Sektorengrenze in die sowjetische Zone der geteilten Stadt zum »Haus der Einheit« nördlich des Alexanderplatzes begeben, dorthin, wo sich vor 1933 das »Kaufhaus Jonas« befunden hatte. Später hatte die NSDAP das Gebäude genutzt, bevor es 1945 erst in den Besitz der SPD, dann in den der neugegründeten SED übergegangen war. Während nun der Besucher aus dem Westen unten an der Wache wartete, saßen möglicherweise gerade der Präsident der DDR, Wilhelm Pieck, und Ministerpräsident Otto Grotewohl in den oberen Etagen in ihren Büros und arbeiteten.

Bei der engen Verquickung von Partei und Sicherheitsorgan stellte die falsche Adresse kein Problem dar. Der Besucher musste nicht lange warten, bis sich Genosse Oberleutnant Fritz Redlin einfand und sich als »Hans Turm« vorstellte. Redlin war Leiter des »Referats IV/3« der Verwaltung Groß-Berlin des Ministeriums für Staatssicherheit, die gleich um die Ecke in der Prenzlauer Allee untergebracht war. Der Tschekist machte sich sogleich ein Bild von seinem unbekannten Gegenüber. Dunkelblond, ohne Bart, ein »länglich ovales Gesicht«, das waren seine ersten Eindrücke. Er stellte einen aufrechten, etwas eckigen Gang fest, bemerkte eine »forsche Erscheinung« und ein »bestimmtes Auftreten«.[2] Der Besucher hielt sich tatsächlich nicht lange mit Floskeln auf. Sein Name sei Karl-Heinz Kurras, er arbeite bei der West-Berliner Polizei und wolle in die DDR übersiedeln, teilte er dem vermutlich verdutzten Stasi-Mann mit. Er wolle in Ost-Berlin als Angehöriger der Volkspolizei arbeiten. Etwas merkwürdig mutet seine Angabe an, er sei »politisch neutral« und wolle im Ost-Teil der Stadt »in geordneten Verhältnissen seiner Arbeit nachgehen«. Redlin machte Kurras klar, dass »jeder Mensch, der sich ehrlich für den Aufbau der DDR und deren Ziele bekennt, hier geachtet wird und Arbeit nach seinen Fähigkeiten erhält«, wie es in seiner Aufzeichnung über das Gespräch heißt. Selbstverständlich sei die Ehrlichkeit der betreffenden Person »der Gradmesser für alle Maßnahmen«.[3] Und da hatte Redlin ganz offenbar seine Zweifel.

Die musste er auch haben. Da kam wie aus dem Nichts ein West-Berliner Polizeibeamter, bot seinen Übertritt in die DDR an und bewarb sich für eine Tätigkeit bei der Volkspolizei. Und das in einer Zeit, in der Tausende täglich in die entgegengesetzte Richtung von Ost nach West flohen, um den Fängen der SED-Diktatur zu entkommen.[4] Lag da nicht der Verdacht nahe, es handle sich bei dem selbstbewussten jungen Mann um einen West-Agenten? So machte Redlin, offenbar geschult für derartige Situationen, seinem Gegenüber kurzerhand einen Vorschlag. Er solle seine Tätigkeit bei der West-Berliner Polizei behalten und »den Kampf, den viele Menschen auch dort für die Ziele der DDR führen« unterstützen. Im Klartext: Redlin forderte Kurras auf, an seinem Arbeitsplatz beim Einsatzkommando Charlottenburg für die Stasi zu spionieren.

Hier, im Sitz des Zentralkomitees der SED in Ost-Berlin, begann am 19. April 1955 die Agentenkarriere von Karl-Heinz Kurras.

Eine Woche später kam Kurras erneut nach Ost-Berlin, um sich mit dem Oberleutnant in einer konspirativen Wohnung zu einem Gespräch unter vier Augen zu treffen.[5] Kurras habe, so berichtete Redlin, »offen und freimütig über die Zusammenarbeit und die sich dabei ergebenden Aufgaben« gesprochen. Er erklärte sich bereit, auf den Vorschlag des MfS-Vertreters einzugehen. »Ergebnis der Aussprache war die Verpflichtung, bei der West-Polizei weiter zu arbeiten und über die Vorkommnisse dort, der Dienststelle, zu berichten«, schrieb der Stasi-Mann im Bericht zur Anwerbung, den er noch am selben Tag verfasste. Kurras bekam die Registriernummer 575/55, sein Losungswort hieß »Schießabteilung«. Für seine konspirative Arbeit erhielt er den Decknamen »Otto Bohl«.

Während des Gesprächs unterzeichnete er auch eine Verpflichtungserklärung. Darin bekannte Kurras unter anderem handschriftlich: »Aus der Erkenntnis heraus, dass ich als Angehöriger der Stummpolizei[6] keiner guten Sache diene, habe ich mich entschlossen, meine Arbeitskraft dem Friedenslager zur Verfügung zu stellen. Trotzdem ich politisch ungeschult bin, bin ich der Meinung, dass der Weg des Ostens die richtige Politik verkörpert. Um bei dieser Entwicklung mitzuhelfen, bin ich bereit, dem mir bekannten Vertreter für Staatssicherheit Vorkommnisse der Stummpolizei wahrheitsgemäß zu berichten. Ich erkläre mich bereit, gegenüber jedermann hinsichtlich meiner Tätigkeit größtes Stillschweigen zu wahren.«[7]

Natürlich befragte Redlin seinen potenziellen neuen Mitarbeiter auch über dessen Vergangenheit – er musste ja wissen, mit wem er es zu tun hatte. Kurras stellte sich als Sohn eines ehemaligen Polizeibeamten vor, der 1945 in den letzten Kriegswochen gefallen war. Geboren war er selbst am 1. Dezember 1927 im ostpreußischen Barten, einer kleinen Ortschaft mit 1 500 Einwohnern in der Nähe von Allenstein. Über die politische Einstellung seines Vaters machte er keine Angaben, zumindest findet sich in dem Bericht darüber nichts. In Ostpreußen hatten allerdings die Nationalsozialisten vor der Machtergreifung reichsweit die größten Erfolge gefeiert, und in Masuren waren sie bei der Landtagswahl im April 1932 zum Teil auf bis zu 70 Prozent der Stimmen gekommen. Auch hatte es in Ostpreußen so viele Schlägereien mit Toten und Verletzten zwischen Anhängern der Nationalsozialisten und der Kommunisten gegeben, wie sonst nirgendwo im Reich. Dabei hatten die Kommunisten den stark konservativ gefärbten Behörden immer wieder vorgeworfen, gegen sie selbst schärfer vorzugehen als gegen die andere Seite. Der Vorwurf war wohl nicht aus der Luft gegriffen.[8] Vor diesem Hintergrund liegt die Vermutung nahe, dass Kurras' Vater mit der NSDAP sympathisiert haben könnte. Immerhin ist in Kurras' späterem Verhalten eine obrigkeitsstaatliche Erziehung sowie eine Liebe zu Waffen und Uniformen unübersehbar. Von seiner Mutter ist dagegen nur bekannt, dass sie 1960 in Koblenz verstarb. Sie dürfte zu dem Millionenheer ostpreußischer Flüchtlinge gehört haben, die in den letzten Monaten des Krieges verspätet und panikartig vor der Roten Armee nach Westen geflohen waren.

Ihr Sohn hatte nach der Mittleren Reife eine Ausbildung als Verwaltungsangestellter begonnen, die er aber unterbrechen musste, nachdem er im November 1944 als 16-Jähriger zum Infanterieregiment II in Allenstein eingezogen worden war. Drei Monate später wurde er verletzt in ein Lazarett in Lüneburg eingeliefert.[9] Im März 1945 verbrachte er einen Genesungsurlaub in Berlin, wo er das Kriegsende erlebte. Schon vor der deutschen Kapitulation, noch im April, nahm er eine Tätigkeit beim Bezirksamt Berlin-Mitte als Angestellter in der Hauptfahrbereitschaft auf.

Vermutlich durch seinen Vater inspiriert, hatte der Jugendliche eine große Leidenschaft zu Waffen entwickelt. Schon als Schüler war er dem örtlichen Schützenverein von Barten beigetreten. Diese Leidenschaft, die später in unzähligen MfS-Berichten ein Thema sein sollte, wurde Kurras indes bald zum Verhängnis. Im Dezember 1946 nahmen ihn sowjetische Sicherheitskräfte fest. Sie hatten bei ihm eine alte Wehrmachtswaffe gefunden[10] – und weil sie in der ersten Nachkriegszeit eine geradezu panische Angst vor jugendlichen »Werwölfen« hatten,[11] die im Untergrund den Kampf gegen die Rote Armee weiterführen würden, sahen sie Grund genug für eine Verhaftung. Wegen »gegenrevolutionärer Sabotage« wurde er zu zehnjähriger Lagerhaft verurteilt und ins ehemalige Konzentrationslager Sachsenhausen bei Berlin eingeliefert. Hier waren zu NS-Zeiten Zehntausende Menschen umgekommen. Die Sowjets hatten das Lager kurz nach Kriegsende wieder in Betrieb genommen und hier ihrerseits unzählige Menschen inhaftiert: neben Nationalsozialisten und Personen, die sich gegen die entstehende neue Diktatur aufgelehnt hatten, auch viele, die völlig unschuldig in die Fänge der roten Häscher geraten waren. 60 000 Menschen waren von 1945 bis 1950 in Sachsenhausen inhaftiert, 12 000 davon starben an Krankheiten und Unterernährung.[12]

Zur Gruppe der Unschuldigen wird man auch den 19-jährigen Karl-Heinz Kurras zählen dürfen. Aus den Berichten der Stasi geht nichts weiter hervor, als dass er von Dezember 1946[13] bis März 1950 in Sachsenhausen einsaß. Er gehörte damit zu den letzten Insassen, die das Lager, das am 10. März endgültig geräumt wurde, verließen. Es ist jedoch kaum vorstellbar, dass Redlin bei »den Freunden«, wie die Sowjets im internen Jargon der DDR-Behörden genannt wurden, keine weitere Informationen einholte. Dabei dürfte er Erfreuliches festgestellt haben: Kurras war nämlich offenbar bereits 1945 der KPD beigetreten und damit nach deren Zwangsvereinigung mit der SPD automatisch Mitglied der SED geworden. Das geht aus einer zufällig aufgetauchten sowjetischen Aktennotiz von 1949 hervor.[14] Nach seiner Verurteilung hatte man ihn aber zweifellos aus der Partei ausgeschlossen.

Kurras' Zeit in Sachsenhausen liegt völlig im Dunkeln. Fakten könnten nur er selbst oder die Akten des sowjetischen Geheimdienstes KGB liefern. Doch Karl-Heinz Kurras schweigt, und die Akten sind auf absehbare Zeit wohl verschlossen. Schlecht scheint er allerdings in dem Internierungslager nicht gelebt zu haben. Er selbst berichtete später seinem Führungsoffizier, dass es ihm in Sachsenhausen »gut« gegangen sei. Er sei als persönlicher Kurier des sowjetischen Lagerleiters eingesetzt gewesen. Das deutet darauf hin, dass der junge Mann schon im Lager als Spitzel tätig war und seine Mitgefangenen im Auftrag der Lagerleitung aushorchte. Noch zwei weitere Aspekte lassen dies vermuten. Erstens bekam Kurras bei seiner Haftentlassung ein gutes Zeugnis ausgestellt und zweitens wurde er bereits nach knapp vier Jahren

Berlin, den 26. April 1955

Verpflichtung!

*[handschriftlicher Text, teils unleserlich]*

Aus der Erkenntnis heraus, daß ich als Angehöriger der
Grenzpolizei keine guten Sache diene, habe ich mich
entschlossen, meine Arbeitskraft dem Friedenslager zur
Verfügung zu stellen.

Trotzdem ich politisch unbeschult bin, bin ich der
Meinung, daß der Weg des Friedens die richtige Politik
verkörpert.

Um bei dieser Entwicklung mitzuhelfen, bin ich bereit
den mir bekannten Vertreter für Staatssicherheit
Vorkommnisse aus der Grenzpolizei wahrheitsgemäß
zu berichten.

Ich erkläre mich bereit, gegenüber jedermann hinsichtlich meiner Tätigkeit größtes Stillschweigen zu wahren.
Ich stehe mit keiner anderen Organisation bzw. Personen bezgl. dieser und ähnlicher Arbeit in Verbindung.
Sollte ich angesprochen werden, so gebe ich sofort eine
entsprechende Mitteilung.

Ich werde meine Berichte mit dem Decknamen
"Otto Bohl" unterzeichnen.

Karl-Heinz Kunast

»... habe ich mich entschlossen, meine Arbeitskraft dem Friedenslager zur
Verfügung zu stellen.« – Die Verpflichtungserklärung vom 26. April.

im Frühjahr 1950 entlassen, während gleichzeitig rund 3 400 politische Gefangene, die zu dieser Zeit noch in den Lagern und Haftanstalten der Sowjets saßen, den DDR-Behörden übergeben und von diesen in den sogenannten Waldheimer Prozessen zu meist hohen Strafen verurteilt wurden. Diese »Prozesse« waren eine Farce. Sie fanden ohne Öffentlichkeit statt, Drehbücher legten Verlauf und Verurteilung fest und die Angeklagten hatte keine Chance, sich juristisch zu verteidigen.[15]

Kurras jedenfalls, so hielten seine Gesprächspartner beim MfS nach den ersten Treffen fest, habe trotz der Lagerhaft keinerlei Vorbehalte gegen »die Freunde«. Erst Jahre später äußerte Kurras einmal Kritik an seiner Verhaftung und Internierung. Man habe ihm daraufhin die Gründe nochmals erklärt und er habe diese nun besser verstanden, schrieb anschließend sein Führungsoffizier in seinen Bericht.

Kurras ging 1950, ausgestattet mit seinem Entlassungszeugnis, schnurstracks zur Ost-Berliner Volkspolizei, um sich für den Polizeidienst zu bewerben. Zu seiner Verwunderung und Empörung wurde er dort jedoch schroff abgewiesen. Da er unbedingt Polizist werden wollte – der einzige Beruf, der es einem Deutschen damals erlaubte, eine Waffe zu tragen – bewarb er sich daraufhin in West-Berlin für den Polizeidienst. Hier wurde er angenommen. Seine Vita mit der Haft in einem sowjetischen Lager ließ ihn vermutlich unverdächtig erscheinen. Dass er nach wie vor mit der gerade gegründeten DDR sympathisierte, konnten sich die West-Berliner Behörden wahrscheinlich nicht vorstellen.

Über Kurras' Privatleben geht aus den Akten wenig hervor. Während seiner Tätigkeit im Bezirksamt Mitte hatte er sich 1945 mit einem Fuhrunternehmer und dessen Frau angefreundet. Bei ihnen hatte er auch vor seiner Inhaftierung sein Hab und Gut – darunter offenbar eine nicht unbeträchtliche Summe Geld – eingelagert. Die Verbindung blieb noch lange bestehen. Kurras bat sogar Anfang der 1960er Jahre, das Paar in Ost-Berlin besuchen zu dürfen, was sein Führungsoffizier aus Gründen der Konspiration jedoch ablehnte. Er hatte zuvor Erkundigungen über das Paar eingezogen: »Die Ehefrau ist eine einfache und ehrliche Arbeiterfrau, die der heutigen Entwicklung in der DDR positiv entgegensteht. Der Mann trinkt und sieht nur seinen eigenen Vorteil. Er ist als Meckerer einzuschätzen«, notierte er im März 1960.[16]

Kurz nach seiner Entlassung aus dem Lager heiratete Kurras. Aus der Ehe ging ein Sohn hervor, doch die Beziehung stand unter keinem guten Stern und wurde bereits nach wenigen Jahren wieder geschieden. Wohl aus Rache erzählte die Frau dem Vorgesetzten ihres (Ex-)Mannes beim Einsatzkommando Charlottenburg, er sympathisiere mit dem Kommunismus und der Politik der SED. Auch im Kollegenkreis wurde offenbar über seine politische Haltung getuschelt. Kurras zeigte sich gegenüber Redlin jedoch sicher, dass sein Chef, zu dem er ein gutes Verhältnis habe, das nicht glauben würde. Das entsprach wohl den Tatsachen. Seinem Aufstieg in der West-Berliner Polizei jedenfalls haben die Vorwürfe nicht geschadet. Gleichwohl scheinen sie dem 27-Jährigen zunächst Sorge bereitet zu haben. Darauf deutet auch sein ursprünglicher Plan hin, zur Volkspolizei überzuwechseln, der vielleicht nicht nur seiner politischen Überzeugung entsprang, sondern auch der Sorge um seine berufliche Zukunft im Westen.

Der neue »Geheime Mitarbeiter« (GM) »Otto Bohl« wurde in den ersten Jahren von der Abteilung IV der Berliner MfS-Verwaltung geführt, später von der Abteilung VII, die sowohl nach innen für die Spionageabwehr in der Volkspolizei als auch nach außen für die West-Berliner Polizei zuständig war. Nach der Unterschrift unter seine Verpflichtungserklärung ließ »Otto Bohl« keine unnötige Zeit verstreichen. Den ersten Bericht überbrachte er Redlin schon drei Tage später, am 29. April 1955. Darin ging es um den Einsatz der West-Berliner Polizei am bevorstehenden 1. Mai, dem Tag der Arbeit. Operativ bedeutsamer aber waren sicher die nächsten Informationen, die der neue Mann in West-Berlin im Laufe des Monats Mai überbrachte: Die Zug- und Waffeneinteilung seines eigenen Zuges der Polizeiinspektion Charlottenburg inklusive Namen, die Alarmausrüstung des Einsatzkommandos Charlottenburg, eine Skizze zum Zubringerverkehr der Polizei zu den Inspektionen im Falle eines Ausfalls des öffentlichen Nahverkehrs und eine Liste mit den Namen der Vorstandsmitglieder der Polizei-Schießabteilung, für die Kurras die Pressearbeit machte. So ging es weiter – »Otto Bohl« lieferte Strukturen und Namen aus seiner Dienststelle, aber auch bald weiterreichendes Material über die gesamte Schutzpolizei.

Mitte Juni, nur sechs Wochen nach seiner eigenen Verpflichtung, wurde Kurras mit der Verurteilung östlicher Agenten, die bei der West-Berliner Polizei eingeschleust waren, konfrontiert. In seinem Bericht über die damals im Kreise der Kollegen geführten Diskussionen schimmert weder die Furcht durch, er könne das gleiche Schicksal erleiden, noch irgendeine Art der Selbstreflexion. Man mache sich Gedanken, inwieweit die Angaben, die zur Verurteilung geführt hatten, überhaupt wahr seien. Die Mehrzahl der Kameraden, so Kurras, neige der Ansicht zu, dass »bewusst irgendwelche Agenten angeklagt worden seien, um jemanden zu haben, der für die Wirtschaftsschwierigkeiten verantwortlich gemacht werden« könne. Es sei »für uns unfassbar, dass sich solche Tätigkeiten vollziehen«. Von Seiten der DDR müsse eine »entschiedene Aufklärungsarbeit geleistet werden«, schrieb er.[17] Selbst wenn diese Vorwürfe zugetroffen hätten, wären sie freilich harmlos gewesen gegenüber dem, was im gleichen Jahr 1955 in der DDR geschah. Dort wurden neun Menschen zum Tode verurteilt und hingerichtet, weil sie als Spione oder Saboteure galten[18]. Ob Kurras die Kenntnis darüber zum Nachdenken gebracht hätte?

Führungsoffizier Redlin konnte voll zufrieden sein. Auch wenn sein neuer Mann noch Probleme mit der politisch korrekten Sprache hatte – er benutzte zum Beispiel für die DDR den Begriff »Ostzone« –, so schien das, was er über die Stimmung und Ansichten der West-Berliner Polizeibeamten berichtete, offenbar uneingeschränkt glaubwürdig. Das sollte sich erst später ändern. In seiner ersten Beurteilung[19] vom 3. November 1955, also nach dem ersten halben Jahr von »Otto Bohls« Tätigkeit, schrieb Redlin: »Bei den politischen Aussprachen ist er offen und ehrlich, sagt, was ihm nicht gefällt und diskutiert lebhaft über politische Probleme. Er bejaht den Aufbau der DDR.« Mit dem gelieferten Material war er ebenfalls vollauf zufrieden. Die Arbeitsergebnisse seien durch andere GMs kontrolliert, Unterlagen aus Dienstanweisungen, Alarmordnungen und Adressmaterial seien von ihm zum Fotokopieren beschafft worden. Von Kurras' Arbeitsweise war Redlin beeindruckt: »Er erledigt schwierige Aufträge mit der nötigen Kühnheit und bringt sie zum Abschluss.« Er sei bereit, »jeden durchführbaren Auftrag zu erledigen, und macht selbst Vorschläge«. Seine Zuverlässigkeit sei »einwandfrei«. Auch ansonsten sah der MfS-Mann keine Probleme: »Der GM hat sich in kurzer Zeit zu einem qualifizierten Mitarbeiter entwickelt. Er erscheint pünktlich zu den vereinbarten Treffs, erledigt Aufträge einwandfrei zu den festgesetzten Terminen und zeigt einen guten Arbeitsstil in seinen Berichten.« Redlin vergaß auch nicht zu erwähnen, dass sein neuer Agent weder Vermögen noch Schulden hatte. Das erste machte ihn zwar womöglich eines Tages anfällig für finanzielle Angebote der anderen Seite, das zweite schloss aber immerhin eine Erpressung aus finanziellen Gründen aus.

Nur eine Sache sah der Autor des Berichts kritisch: »Einem Absetzen in den demokratischen Sektor mit oder ohne

Uniform, Pistole usw. würde er ohne weiteres zustimmen.«
Das sei schließlich von vornherein sein Wunsch gewesen und
es habe einer gründlichen Aussprache bedurft, »um ihn von
der Wichtigkeit seiner Arbeit bei der Stummpolizei zu überzeugen«. Karl-Heinz Kurras saß also sechs Monate nach seiner Verpflichtung für die Stasi in der Erfolgsfalle – offenbar,
ohne das zu begreifen. Je besser er arbeitete, desto unent-
behrlicher wurde er für das MfS an der Stelle, an der er saß –
und desto geringer wurde die Chance, dass man ihn in die
DDR ziehen ließ.

# »Er verachtet das geistlose Leben«

## Der Mensch Karl-Heinz Kurras

Die typischen Spione in den Filmthrillern á la James Bond lieben für gewöhnlich heiße Kurven – und zwar auf Straßen ebenso wie an Frauen. Karl-Heinz Kurras hatte ein anderes Hobby: das Schießen. Er war ein geradezu fanatischer Waffennarr, verbrachte jede freie Minute auf dem Schießstand der Polizei am Wannsee, war Pressewart des Polizei-Schießsportvereins und hatte sich mit Genehmigung seiner Vorgesetzten eine umfangreiche Waffensammlung zugelegt. Das kostete Geld. Kurras gab durchschnittlich 300 bis 400 DM monatlich allein für Munition aus. Das war bei einem Gehalt von zunächst 792 DM eine recht beeindruckende Summe. Da konnte er die Ratifikationen des MfS gut gebrauchen. Kurras war aber nicht nur ein leidenschaftlicher Schütze, sondern auch ein ausgezeichneter. Er gewann zahlreiche Preise und avancierte bei Wettbewerben zum besten Schützen der gesamten Kriminalpolizei. Damit sein Sohn Klaus in seine Fußstapfen trat, schenkte Kurras ihm bereits zu seinem zehnten Geburtstag eine Waffe.[1] Er reiste sogar zu Jagden nach Westdeutschland und bat das MfS, auch in der DDR jagen zu dürfen.

Dort sah man diese Leidenschaft allerdings mit gemischten Gefühlen. Einerseits bekam Kurras über das gemeinsame Hobby Kontakte zu Kollegen und vor allem zu Vorgesetzten, an die er sonst nicht herangekommen wäre. Zudem konnte man ihn leichter bei der Stange halten, da er ohne das Geld, das er von der Stasi bekam, seinem teuren Hobby kaum hätte so intensiv nachgehen können. Einmal schenkte ihm das MfS eine polnische Radom-Pistole (im Tausch gegen eine amerikanische Waffe), ein anderes Mal gab man Kurras 600 DM, damit er sich selbst eine bestimmte Pistole kaufen konnte. Auch eine besondere Sorte Munition besorgte man ihm. Aufgerüstet wurde Kurras aber nicht nur vom MfS, sondern auch von der eigenen Polizeiführung, die ihm als erfolgreichen Schützen ebenfalls dabei half, Waffen und Munition zu beschaffen[2], und auch im Schießverein gab es eine ganze Reihe von – vermutlich illegalen – Waffengeschäften.[3]

Gleichwohl sah man beim MfS die ganze Sache auch kritisch: Seine Leidenschaft für Waffen – und auch für Uniformen – rühre aus seiner Herkunft aus bürgerlichen Verhältnissen und stamme schon aus seiner Zeit als Jugendlicher. Das war als kritische Einschätzung gemeint, und so wirkt es sehr erstaunlich, wie »Otto Bohls« Führungsoffiziere ausblendeten, dass ihre eigene »Firma« durch und durch nach militärischen Gesichtspunkten organisiert war und sie selbst wie alle MfS-Angehörigen den Status von Soldaten hatten. Ausdrücklich notierte sein späterer Führungsoffizier Werner Eiserbeck, dass Kurras »für sein Hobby und um auf Jagd gehen zu können, die Interessen anderer Menschen nicht beachtete«.[4] Das war allerdings im Juni 1967 – zu spät, um aus dieser Erkenntnis etwas zu machen.

Eine andere Eigenschaft des Agenten Kurras war schon Oberleutnant Redlin bei den ersten beiden Zusammentreffen im Frühjahr 1955 aufgefallen: der akkurate und korrekte Auftritt. Das gepflegte Äußere, das alle, die mit ihm zu tun hatten, regelmäßig hervorhoben, scheint unter den GM gar nicht so selbstverständlich gewesen zu sein, wie andere Berichte vermuten lassen. Kurras sei »wie stets in seiner höflichen und aufgeschlossenen Art pünktlich und vorbereitet zum Treff« erschienen, lobte Redlin Anfang Juni 1959.[5] Zwei Wochen später freute er sich, dass »Otto Bohl« »stets sauber gekleidet« sei und »gute Manieren« zeige.[6] Und am Silvestertag desselben Jahres notierte er, das Verhalten während des Treffs sei »wie von ihm gewohnt freundlich, korrekt und aufmerksam« gewesen.[7] Auch 1967 wurde noch einmal hervorgehoben: »Sein äußeres Auftreten ist sehr korrekt und zum Teil konservativ. Er achtet sehr auf gute Kleidung und Umgangsmanieren.«

Kurras' Chefs im Westen fiel sein äußeres Erscheinungsbild ebenfalls positiv auf, wie er selbst – nicht ohne Stolz – berichtete. Als im Oktober 1964 nach dem Passierscheinabkommen zwischen dem West-Berliner Senat und der DDR-Führung Polizeibeamte aus dem Westen und Postangestellte aus dem Osten in den Räumen der Kripo-Inspektion Tiergarten (wo Kurras zu dieser Zeit arbeitete) gemeinsam die Dokumente für die Antragsteller bearbeiteten, seien seine Chefs entsetzt gewesen über das Aussehen eines Teils ihrer Beamten, die im Gegensatz zu den Vertretern der Ost-Post »nicht sauber, sondern liederlich« gekleidet gewesen seien. Einen seiner Beamten warf der Chef der Inspektion kurzerhand aus der Bearbeitungsgruppe. Kurras hatte dafür vollstes Verständnis. Tatsächlich habe der Beamte ein ungebügeltes Hemd angehabt, der gelbe Schlips sei nicht mehr neu und das Sacko viel zu klein gewesen, so dass der Kollege es über seinem dicken Bauch nicht mehr habe zuknöpfen können. »Die abgetragene Hose war auch nicht gebügelt«, berichtete Kurras geradezu angewidert. Nach dem Rauswurf des Kollegen wurde er mit dessen Aufgabe betreut – offenbar erfüllte er genau die Vorstellung, die sich sein Vorgesetzter von einem guten Beamten machte. »Ja, Sie sind ganz anders, Sie sehen akkurat und sauber aus. Sie sind wie ein Hitlerjunge, der jetzt alles rausreißt. Sie vertreten wirklich die Bundesrepublik.« Das Schmunzeln des Führungsoffiziers beim Lesen dieser Passage kann man sich bildhaft vorstellen – zu gerne wäre er wahrscheinlich mit dem Bericht von Büro zu Büro gewandert und hätte seine

Kollegen damit amüsiert. Hatte er damit nicht einmal mehr einen Beleg für die These vom faschistischen Westen in der Hand?

Kurras achtete offenbar auch in seinem privaten Umfeld sehr auf Sauberkeit. Die Frau, mit der er Anfang der 1960er Jahre liiert war, erinnerte sich Jahrzehnte später daran, ihn »wegen seines verrückten Sauberkeitsfimmels« zwei Monate vor der geplanten Hochzeit sitzen gelassen zu haben. Und weiter: »Jedes Mal bevor er mit mir ausging, prüfte er genau, ob mein Rocksaum und die Strumpfnähte auch richtig saßen. Jedes Mal, wenn wir zusammen aßen, sagte er: Kleckere nicht. Er hat mich nie geküsst, er fand das unhygienisch«.[8]

Eine weitere Eigenschaft war für Kurras' Spitzeldienste ungleich wichtiger als sein Aussehen: seine Intelligenz. Sein erster Führungsoffizier, Redlin, urteilte Ende März 1960, also nach knapp fünfjähriger Zusammenarbeit mit »Otto Bohl« noch zurückhaltend, dieser sei »geistig rege« und »logisch im Denken«; seine Bildung sei als Durchschnitt zu bezeichnen. Immerhin fügte er hinzu: »Er verachtet das geistlose Leben vieler Kollegen, die dem Alkohol oder dem Kartenspiel sich ergeben und sonst alles laufen lassen ohne sich zu entscheiden.« Werner Eiserbeck, der Redlin im Jahr 1961 als Führungsoffizier nachfolgte, hatte eine höhere Meinung von den geistigen Fähigkeiten seines Agenten. Im März 1962 notierte er, bei Kurras handele es sich um einen »sehr intelligenten Menschen«.[9] An dieser Einschätzung änderte sich in den folgenden Jahren nichts. Noch 1967 schrieb er, die geistigen Fähigkeiten des GM lägen über dem Durchschnitt und er verfüge über ein gutes Allgemeinwissen.[10]

Der offenbar etwas kritischere Redlin, über den selbst wir aus den Akten nichts erfahren, gestand dem deutlich jüngeren Kurras immerhin zu, neben einem vernünftigen – man könnte auch sagen: biederen – Lebensstil gewisse Ziele vor Augen zu haben und diese auch zu verfolgen. Nur welche Ziele waren das? Man kann sie wohl in drei Punkten zusammenfassen: eine Frau fürs Leben zu finden, den beruflichen Aufstieg bei der Polizei bis möglichst weit nach oben zu schaffen und seine »Arbeitskraft dem Friedenslager zur Verfügung zu stellen«, wie er es in seiner MfS-Verpflichtung beschrieben hatte. Mit dem ersten Ziel – der Frau fürs Leben – ließ es sich zunächst eher schleppend an. Bereits kurz nach seiner Entlassung aus Sachsenhausen und dem Beginn seiner Tätigkeit bei der West-Berliner Polizei hatte Karl-Heinz Kurras eine Frau geheiratet, über die wir aus der Akte nichts erfahren. Aus der kurzen Ehe mit ihr, die von 1952 bis 1955 dauerte, ging 1952 der Sohn Klaus hervor. Die Trennung scheint eine unschöne Angelegenheit gewesen zu sein, denn wie bereits geschildert, denunzierte die Frau Kurras bei dessen Vorgesetzten. Es dauerte nun offenbar einige Jahre, bis Kurras wieder eine ernsthafte Beziehung einging. Zu seinem konservativen Lebensstil und seinem akkuraten Äußeren hätte eine rasche Abfolge von Damenbekanntschaften auch nicht gepasst. Die nächste Freundin lernte er Ende der 1950er Jahre kennen – es war die bereits erwähnte junge Dame, die er aus hygienischen Gründen nie küssen wollte. Ein allzu liebevoller Liebhaber scheint er nicht gewesen zu sein. Diese Frau trennte sich zwar im Sommer 1961 wieder von ihm, aber immerhin hatte die beiden sich verlobt und das Ziel einer Heirat ins Auge gefasst. Ein Grund für die Trennung scheint Kurras' großer Arbeitseinsatz gewesen zu sein, denn seine Braut beschwerte sich darüber, dass er mit der Arbeit verheiratet sei. Da er mit dem Schießsport zudem ein zeitaufwändiges Hobby hatte, für das er fast seine ganze Freizeit hingab, fühlte sie sich wohl zurückgesetzt und hatte viel Zeit, sich anderweitig umzuschauen. So lernte sie einen anderen Mann kennen. Kurras war wohl auch als Spion in eigener Sache unterwegs, jedenfalls fing er einen Brief seiner Braut an deren neuen Freund ab – und gab ihn prompt seiner Kurierin zu lesen. Die notierte in ihrem Treffbericht, dass die junge Dame den anderen Mann offenbar als geeigneter für eine Ehe erachte. Sehr nahe scheint Kurras die Sache indes nicht gegangen zu sein. Er »scheint die Enttäuschung schon überwunden zu haben«, so die Einschätzung des MfS kurz nach der Trennung.[11]

Er wolle sich nun von den Frauen erst einmal fernhalten, vertraute Kurras seinen Führungsoffizier an. Immerhin war er zu dieser Zeit beruflich stark ausgelastet und der Schießstand blieb sein bevorzugtes Aktivitätsfeld in der Freizeit. Doch der Vorsatz hielt nicht lange. Vermutlich über seinen Polizeidienst machte er bald eine neue Bekanntschaft, aus der die Frau fürs Leben werden sollte: Hannelore war drei Jahre jünger als er, 1963 erst aus der DDR in die Bundesrepublik übergesiedelt und ebenfalls bei der Polizei angestellt. Kurras fackelte nicht mehr lange. Im November 1964 musste er noch eingestehen, nicht einmal das Geburtsdatum seiner neuen Braut zu kennen, im folgenden Jahr wurde bereits geheiratet. Die Ehe blieb kinderlos, aber Hannelore nahm den dreizehnjährigen Klaus auf wie einen eigenen Sohn. Sie zogen in eine gemeinsame Wohnung im Bezirk Spandau, wo sie sich nach seiner Pensionierung auch die Eigentumswohnung kauften, in der sie noch heute leben. Von der Stasi-Spitzelei ihres Mannes hatte Hannelore – zumindest solange, wie er für die »Firma« aktiv war – keine Ahnung. Er versuchte sie offenbar immer aus seinen Problemen herauszuhalten. Als nach der Aufdeckung eines DDR-Spions 1965 eine Hausdurchsuchung bei ihm drohte, bat er seinen Vorgesetzten, diese durchzuführen, wenn Hannelore nicht zu Hause sei.

Genosse Eiserbeck wird Kurras' Eintritt ins Eheleben gewissermaßen als Beitrag zum Aufbau der DDR begrüßt haben. Denn als Führungsoffizier war er interessiert daran, dass seine Geheimen Mitarbeiter in geordneten Familienverhältnissen lebten. Dann konnten sie sich voll auf ihre Spitzeldienste konzentrieren und liefen nicht Gefahr, wegen privater Krisen aus dem Ruder zu laufen. Schließlich konnte sich eine glückliche Partnerschaft auch positiv auf den beruflichen Aufstieg auswirken. Doch da hatte es bei Kurras außer kleineren Verzögerungen nie ernsthafte Probleme gegeben.

Bei einem Treff am 4. Dezember 1964 mit seiner Kurrierin Charlotte Müller, alias »Lotte Schwarz«,[12] im Restaurant Hecht am Kaiserdamm in Charlottenburg, konnte er Neuigkeiten vermelden, auf die die Genossen im Osten sehnsüchtig gewartet hatten.[13] Endlich war seine anvisierte Versetzung zur Politischen Polizei der Abteilung I im Landeskriminalamt durch! Kurras, der zu dieser Zeit noch in der Kripo-Inspektion Tiergarten arbeitete, berichtete, er werde »zwischen dem 15. und 20. des Monats zur Abteilung I, also dem Staatsschutz, auf seinen Wunsch hin versetzt«. Die Mitteilung hatte ihm sein sichtlich ärgerlicher Chef, der seit längerem versucht hatte, die Versetzung zu verhindern, weil er einen seiner besten Leute nicht hergeben wollte, an seinem 37. Geburtstag gemacht. Nochmals hatte Kurras sich gegen dessen Vorhaltungen verteidigt – als Tarnung für seinen Wechselwunsch gab er an, er müsse schließlich an seine Zukunft denken und für das Alter vorsorgen. Dafür sei der angestrebte Posten besser geeignet als sein jetziger. Zwei Tage später wurde Kurras zur Personalabteilung gerufen. Auch hier funktionierte die Tarnung. Auf die Frage, weshalb er zur Abteilung I strebe, antwortete er wiederum, dass er beruflich weiterkomme wolle. Mord oder Sitte kämen jedoch nicht in Frage, ihn interessiere nur Betrug. »Vor allem aber interessiert mich mehr, wo ich der Regierung mehr helfen kann…«. Er wolle »meiner Regierung und dem Senat meine Kräfte noch besser beweisen«, tönte er großspurig. Offenbar wirkte er glaubwürdig. Der Fragende sei, so erzählte er vergnügt beim Abendessen im »Hecht«, sehr erfreut über diese Antwort gewesen. Auf »Lotte Schwarz« machte Kurras an diesem Abend in der Vorweihnachtszeit einen guten Eindruck. »Bohl war sehr ruhig und zufrieden. Er war auch sehr froh darüber, dass er es geschafft hatte«, notierte sie für ihren Führungsoffizier. Die zwei machten nach dem Gespräch noch einen kleinen Bummel über den Kaiserdamm, fuhren dann gemeinsam mit der U-Bahn zum Bahnhof Zoo und trennten sich dort.

Oberstleutnant Eiserbeck konnte sein Glück kaum fassen, als er gewissermaßen offiziell von Kurras über die Versetzung informiert wurde. Am 4. Januar erreichte ihn über die Deckadresse »Zentrum« ein Brief »Otto Bohls« im Geheimschreibverfahren mit der Nachricht, dass sein Spitzel Anfang des Monats seinen neuen Dienst angetreten habe. Was Eiserbeck in seinen kurzen Bericht schreiben konnte, musste ihn einfach glücklich machen: »Das Aufgabengebiet des GM umfasst die Absicherung der westberliner Behörden vor dem Eindringen des MfS und der anderen Nachrichtendienste der ›Ostblockstaaten‹«. Im Klartext: Kurras war von nun an ausgerechnet zuständig für die Enttarnung ostdeutscher Spitzel in der West-Berliner Polizei. Es sei die »intimste Stelle« der Abteilung I, beschrieb er selbst seinen neuen Arbeitsplatz zwei Monate später.[14] Damit war er zu einer Topquelle geworden, wie sie besser kaum sein konnte. Mitten im Kalten Krieg hatte die Stasi einen der ihren im Abwehrzentrum der Polizei in der Frontstadt West-Berlin platziert. Einen Spitzel, dem sowohl die Stasi-Leute im Osten wie auch die Vorgesetzten und Kollegen im Westen voll vertrauten. Nach Auffassung der Historiker Helmut Müller-Enbergs und Cornelia Jabs war eine MfS-Tätigkeit in der Abteilung I vom »Stellenwert her mit dem eines Rainer Rupp (›Topas‹) in der NATO, Gabriele Gast (›Gisela‹) oder Heinz Felfe beim Bundesnachrichtendienst (BND) ebenbürtig«.[15]

Die Versetzung zur Abteilung I war kein Zufall, sondern Ergebnis gezielter Arbeit. Werner Eiserbeck und »Lotte Schwarz« hatten darauf jahrelang systematisch hingearbeitet, wie mehrfach in beider Berichte zu lesen ist. Immer wieder hatte vor allem Eiserbeck, der als Führungsoffizier für die Perspektive seiner GM zuständig war, Kurras auf das Ziel hingewiesen, im Polizeidienst aufzusteigen, um so an noch bessere Informationen zu kommen. Schon als »Otto Bohl« noch beim Einsatzkommando Charlottenburg gearbeitet hatte, wurde gezielt auf seinen Eintritt in die Kriminalpolizei hingewirkt. Anfang 1959 bewarb er sich auf Geheiß seines Führungsoffiziers für den Dienst in der Kriminalpolizei. Doch es gab überraschenden Widerstand. Sein Vorgesetzter wollte ihn wegen seiner guten Leistungen partout nicht ziehen lassen und setzte sogar seine Gattin ein, um Kurras zum Bleiben zu bewegen. Er werde seine weitere Entwicklung bei der Schutzpolizei unterstützen und alles für ihn tun. Erneut schien es Kurras zu ergehen wie knapp vier Jahre zuvor, als er nach Ost-Berlin ziehen wollte, aber von der Stasi daran gehindert worden war: Wieder schien er Opfer seines eigenen Erfolgs zu werden. Sieben Monate später konnte er lediglich vermelden, dass seine Bewerbung in der Kripo-Zentrale in der Gothaer Straße laufe. Ende Oktober versuchte auch sein Inspektionsleiter, Kurt Krummholz, Kurras von seinem Schritt abzubringen. Er stellte ihm in Aussicht, dass er bald zum Obermeister befördert werden würde, und machte ihm klar, dass er ihm bei der Bewerbung Schwierigkeiten machen könnte. Aufgrund von Kurras' Verdiensten für die Inspektion Charlottenburg wolle er davon aber absehen. Überrascht mag Kurras dreingeblickt haben, als Krummholz ihn noch mit einer anderen Aussicht zum Bleiben bewegen wollte. »Er sagte weiter, dass ich bei einer Wiedervereinigung eine besondere Stelle im Osten einzunehmen hätte«, erzählte der Agent seinem Führungsoffizier Redlin bei einem Treff in Ost-Berlin.[16]

Im Januar legte Kurras die Aufnahmeprüfung ab. Von ursprünglich 600 Bewerbern waren nur 210 zur Prüfung zugelassen worden, 80 davon sollten schließlich bei der Kriminalpolizei eingestellt werden. Kurras gehörte dazu. Am 1. April 1960 begann sein Dienst bei der Kriminalpolizei-Inspektion Tiergarten. Die notwendige Schulung verlief zufriedenstellend, erzählte er »Lotte Schwarz«, die es in ihrem Treffbericht vom 3. Juni 1960 vermerkte. Auch seine neuen Vorgesetzten waren bald mit seiner Arbeit zufrieden, so dass er bereits im November des folgenden Jahres zum Obermeister befördert wurde.

In Ost-Berlin indes begnügte man sich mit dem Erreichten keineswegs. Schon im August 1961 legte der Chef der MfS-Verwaltung Berlin, Oberst Erich Wichert, in einem Auskunftsbericht die weitere Marschrichtung fest: »Ziel ist, den K. nach einer Einarbeitung in den Kriminaldienst in die Abteilung I, Politische Polizei, zu bekommen.«[17] GM »Otto Bohl« wusste, was man von ihm erwartete, und er gab sein Bestes, diese Erwartungen zu erfüllen. Er bewarb sich auch für die Abteilung I – und es begann das bekannte Spiel. Erneut wollte ein Vorgesetzter ihn wegen seiner guten Leistungen nicht hergeben, erneut setzte er sich aber am Ende durch.

Kaum war er bei der Abteilung I gestartet, da wollte ihn im Mai 1965 schon der Berliner Landesverfassungsschutz abwerben.[18] Das hätte eigentlich sehr im Sinne des MfS sein müssen. Doch ganz offenbar hatte man beim Verfassungsschutz schon Agenten platziert, wie an anderen Stellen der Kurras-Akte hervorschimmert. Kurras blieb also bei der Abteilung I – und machte dort rasant Karriere. Schon im September 1966 wurde er zum Kriminalobermeister befördert. So schnell war nie zuvor ein Mitarbeiter dieser Abteilung auf die nächst höhere Stufe gehievt worden. Er hatte nun den letzten Mannschaftsdienstgrad erreicht. Eine weitere Beförderung und eine damit verbundene Übernahme einer leitenden Stellung in seiner Dienststelle war jetzt nur noch möglich, wenn er zur Bundespolizeischule im westfälischen Hiltrup delegiert würde. Einen Vorbereitungslehrgang hatte er bereits 1964 absolviert. Eiserbecks Forderung war klar: »Otto Bohl« solle sich durch gute Arbeit die Voraussetzungen für eine Delegierung zur Polizeischule sichern. Im Juni 1966 durfte er als Auszeichnung für gute Arbeit an einem Lehrgang der Sicherheitsgruppe Bonn zur Bekämpfung von Staatsfeinden teilnehmen. Seine Dienstherren hatten also noch viel vor mit Karl-Heinz Kurras – im Westen wie im Osten.

Warum arbeitete er aber überhaupt offiziell für die eine Seite und im geheimen für die gegnerische? Kurras war zur Zeit seiner Spitzeltätigkeit eine Art Gefühlssozialist. Eine theoretische Ausbildung in Sachen Marxismus-Leninismus hatte er nicht. Das erkannte schon Oberleutnant Redlin, der 1960 in einer Beurteilung schrieb, »Otto Bohl« zeige bei politischen Gesprächen »eine richtige, aber gefühlsmäßige Einschätzung der gegebenen Lage. Hierbei ist zu erkennen, dass eine theoretische Grundlage völlig fehlt, er aber bei den Ausführungen interessiert zuhört und sie begreifen lernt«.[19] »Lotte Schwarz« stellte bei ihrem Besuch in der Polizeiinspektion Charlottenburg vor allem Kurras' Wunsch heraus, mehr über die DDR zu lernen. »Ich merkte, dass der junge Freund viel unsere Literatur liest… Dieser junge Genosse will alles kennen lernen und vor allem Bücher für seine Fortbildung lesen. Er hat einen Wissensdrang«.[20] Offenbar hätte der zu diesem Zeitpunkt 30-jährige Kurras gerne ein Hochschulstudium aufgenommen. »Drüben« könnten alle auf die Universität gehen, auch wenn sie kein Geld hätten, denn der Staat zahle alles, nur lernen sollten sie. In der DDR hätte sein fehlendes Abitur nicht einmal ein Hindernis dargestellt, weil zahlreichen jungen Menschen aus der Arbeiterklasse ein Studium auch ohne den Nachweis ihrer Qualifikation ermöglicht wurde, schwärmte Kurras. Aber hier zeigt sich einmal mehr, wie unreflektiert sein Bild von den Zuständen in der DDR war. Dort konnte keineswegs jeder studieren – zum Beispiel nicht Jugendliche aus kirchennahen Familien oder solche, die sich selbst oder deren Eltern sich nicht politisch korrekt verhalten hatten oder die schlicht aus der falschen Schicht, nämlich dem Bürgertum, stammten. Die »richtige« ideologische Einstellung war wichtiger als die Qualifikation.[21]

Am Zustand von Kurras' politisch-ideologischer Halbbildung änderte sich in den folgenden Jahren nichts. Er habe »einen guten Überblick über politischen Ereignisse«, er »versteht es jedoch noch nicht, in vollem Umfang den Zusammenhang der einzelnen Fragen zu erkennen«, urteilte Eiserbeck im Januar 1967 nach einem ganztägigen Treffen in Ost-Berlin, bei dem es neben Fragen zu Kurras' Spitzelarbeit auch wie so häufig um politische Probleme ging. Stirnrunzelnd bemerkte der Führungsoffizier weiter, sein Agent mache sich zu oft die Meinung seiner Kollegen zueigen. So glaube er unter anderem, dass es zu einer »weichen Welle zwischen den beiden deutschen Staaten und West-Berlin« kommen werde. Diese Ansicht werde offiziell auf seiner Dienststelle vertreten. Dem versuchte der Führungsoffizier einen Riegel vorzuschieben. »Im Verlauf der Diskussion erkannte der GM sehr schnell die wirklichen Verhältnisse«,[22] schrieb er selbstzufrieden auf. Solche Berichte lesen sich wie Beurteilungen eines Schülers. Das ist kein Zufall, denn ganz nach ihrem Motto »Die Partei hat immer recht« maßte sich die SED an, zu bestimmen, was »richtig« und was »falsch«, was im Interesse der Arbeiterklasse war und was nicht. Sie fühlte sich als Avantgarde, die diejenigen, die den erforderlichen Erkenntnisgrad noch nicht erreicht hatten, führen und erziehen musste.[23] Kurras erkannte diese geistig-politische Führungsrolle offenbar voll an.

Die Themenpalette der politischen Erziehung war breit gefächert und umfasste die Themen, die dem MfS wichtig waren. Dabei ging es zumeist um Fragen der Bundesrepublik oder des deutsch-deutschen Konkurrenzverhältnisses. Im Dezember 1962 beispielsweise stand die »Krise im Adenauer-Staat« auf dem Programm. Was damit gemeint war, ist dem Bericht nicht zu entnehmen, doch kann es sich nur um die damals aktuelle »Spiegel«-Krise handeln, die die Bundesregierung in Bedrängnis brachte und Verteidigungsminister Franz-Josef Strauß sein Amt kostete.[24] Neun Monate später folgte eine »politische Aussprache« – inzwischen wieder mit Eiserbeck – unter anderen zum Thema »Erklärung Brandts vor dem Senat (Erklärung als Ausdruck der Bestrebungen der Ultras, die Lage zu verschärfen)«.[25] Willy Brandt galt in der DDR zu dieser Zeit, anders als später während seiner Kanzlerschaft, als rechter »Ultra«, der gleichzusetzen war mit Adenauer. Dazu hatten vor allem seine scharfen Reden während der Berlin-Krise 1958/59 und während des Mauerbaus beigetragen.

Obwohl Kurras' theoretische Mängel in Sachen Marxismus-Leninismus auf diese Weise natürlich nicht beseitigt werden konnten, machte er in den Augen seiner Ost-Berliner Führungsleute offenbar Fortschritte. Im Juli 1962, ein knappes Jahr nach dem Bau der Mauer, bat Kurras um die Aufnahme in die SED. Er habe sich diesen Schritt gut überlegt, weil er seiner Meinung nach zu den Kräften gehöre, »die in der Partei sind«, wie Eiserbeck ihn wiedergab. Der Mann vom MfS war erfreut und beglückwünschte ihn. Eine Sache bereitete Eiserbeck zu dieser Zeit aber Unbehagen. »Einige Unklarheiten hatte der GM auch zu Rasseproblemen. Er lehnte zwar die Rassenpolitik des Faschismus ab, vertrat aber die Ansicht, dass die Juden ein arbeitsscheues Volk sind«, notierte er nach einem Treff mit Kurras. Nach einer Diskussion über das Thema habe der GM seine falsche Meinung aber erkannt, so Eiserbeck weiter.[26] So funktionierte zu DDR-Zeiten allgemein der »Antifaschismus«: Die Partei sagte, was als richtig und was als falsch anzusehen sei. Wirkliche Überzeugungs- und Aufklärungsarbeit wurde nicht geleistet. Kurras soll jedenfalls noch heute gerne über Ausländer schimpfen, berichten Nachbarn.

Es war für den Führungsoffizier ein schöner Coup, einen westdeutschen GM zum Eintritt in die Partei bewegen zu können, bei dem er sicher sein konnte, dass er bei seinem Chef Erich Wichert, seinem Abteilungsleiter Hauptmann Erhardt und den örtlichen Parteiführern in guter Erinnerung bleiben würde. Nachdem er sich fünf Monate später versichert hatte, dass Kurras bei seinem Entschluss geblieben war, schrieb er zu Beginn des neuen Jahres einen »Auskunftsbericht« zu Kurras, in dem er dessen persönliche Daten zusammenfasste und Angaben über seine Tätigkeit als GM machte. Unter dem Stichpunkt »politische, charakterliche und moralische Zuverlässigkeit« urteilte er: »Der GM kann als ehrlich und zuverlässig eingeschätzt werden. Er beschäftigt sich intensiv mit aktuellen politischen Fragen. Im Verlauf der bisherigen Zusammenarbeit wurde er von der Richtigkeit der Politik unserer Partei überzeugt, so dass er den Entschluss gefasst hat, Kandidat der Partei zu werden«.[27] Abteilungsleiter Erhardt, befürwortete den Aufnahmeantrag. Er teilte Eiserbecks positive Einschätzung, betonte, dass Kurras seine »persönlichen Belange nicht in den Vordergrund« stelle, und bescheinigte ihm, politisch auf dem Weg zur richtigen Erkenntnis zu sein, nicht ohne den bedeutenden Anteil seiner Abteilung daran unerwähnt zu lassen: »Durch die ständige Erziehungsarbeit wurde erreicht, dass der K. die führende Rolle der SED erkannt und den Wunsch geäußert hat, Mitglied der SED zu werden.«[28] Am 11. April übergab Eiserbeck Kurras während eines vierstündigen abendlichen Treffs in einer der konspirativen Wohnungen die Kandidatenkarte. Nochmals versprach der West-Berliner bei dieser Gelegenheit, sich anzustrengen, »um ein würdiges Mitglied der Partei zu werden«. Im Zusammenhang mit der Übergabe der Karte

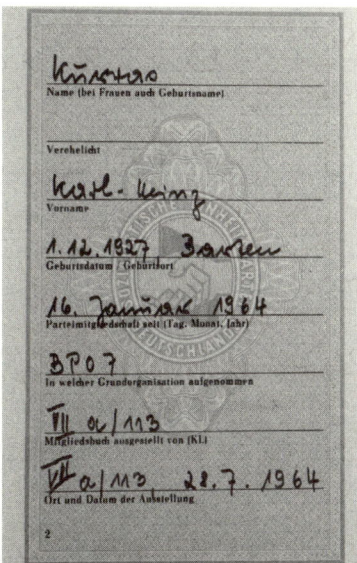

»Durch die ständige Erziehungsarbeit wurde erreicht, dass der K. (...) den Wunsch geäußert hat, Mitglied der SED zu werden.« – Das Parteibuch von Kurras.

schnitt Eiserbeck wieder einmal politische Fragen zur Erziehung des Agenten an. Diesmal ging es um Grundsätzliches, nämlich um die »Verantwortung der deutschen Arbeiterklasse bei der Überwindung des Militarismus in WD und WB«, also in Westdeutschland und West-Berlin. Nach der üblichen Kandidatenzeit von einem Jahr beschloss die SED-Kreisleitung Ende Juli 1964, Kurras in die Partei aufzunehmen. Seine Mitgliedsnummer lautete 2.002.373 Er war nun Geheimer Mitarbeiter des Staatssicherheitsdienstes, Mitglied der SED – und Staatsbürger der DDR. Im Besitz eines ostdeutschen Passes war er nämlich schon seit Oktober 1961.[29]

Abteilungschef Erhardt hatte bei seiner Einschätzung des SED-Kandidaten berichtet, dass dieser sich »nach seinen Möglichkeiten« über politische Fragen informiere. Zwar las Kurras jede Woche das westdeutsche Magazin »Spiegel«, was seine Führungsleute im Osten im Laufe der Jahre immer weniger gutheißen mochten. Daneben nutzte er jedoch tatsächlich intensiv die Medien der DDR. Er schaute jahrelang die »Aktuelle Kamera«, die Nachrichtensendung im DDR-Fernsehen, und hörte die Radiosender aus Ost-Berlin. Das wurde natürlich beim MfS gerne gesehen. Als er jedoch zum Staatsschutz wechselte, riet man ihm ab, weiterhin die Ost-Programme einzuschalten. Das war zwar im Westen – anders als umgekehrt im Osten – keineswegs verboten. Es hätte ihn aber verdächtig machen können.

Ob Kurras sich das »Neue Deutschland« zumindest hin und wieder besorgte, geht aus den Akten nicht explizit hervor, ist aber naheliegend. Manchmal hörte er sogar ganz ungeniert mit seinen Kollegen auf der Dienststelle Ost-Sender. So lief häufig im Dienstzimmer des Einsatzkommandos Charlottenburg ein Sender aus Leipzig, auf dem die Kollegen gerne Jazz-Musik hörten. Als am 17. August 1956 die Nachricht vom Verbot der KPD in der Bundesrepublik durch das Bundesverfassungsgericht bekannt wurde, unterbrach der Sender sein Programm, verkündete die Neuigkeit – und spielte die Internationale, die laut durchs Dienstzimmer hallte.[30] Es war nicht das einzige Mal, dass das Kampflied der Arbeiterklasse in den Räumen des Einsatzkommandos erklang. Auch zwei Jahre später war das der Fall, und zwar anlässlich des 5. Parteitages der SED. »Der Raum war von Kollegen voll, ca. 12 bis 15 Beamte«, berichtete Kurras mit unverhohlener Genugtuung nach Ost-Berlin. Selbst sein Zugführer hörte eine Weile zu, als der Genosse Walter Ulbricht das Wort ergriff. Als jedoch ein Polizeioberwachtmeister das Dienstzimmer betrat und sich beschwerte, verließ Kurras den Raum und hörte sich die Übertragung in seinem eigenen Zimmer weiter an. Er wollte den Worten des SED-Pateichefs konzentriert lauschen, denn sie waren nach seiner Einschätzung »von größter politischer Bedeutung«.[31] Die SED war – vor dem Hintergrund einer kurzzeitigen politischen Stabilisierung im eigenen Lande – zu dem Schluss gekommen, es sei an der Zeit für einen neuen Aufbau des Sozialismus. Ulbricht kündigte an, dass der Pro-Kopf-Verbrauch der werktätigen Bevölkerung mit Lebensmitteln und Konsumgütern den der Bundesrepublik nach dem Motto »Einholen und Überholen« bis 1961 überflügeln werde.[32]

Auch in der Kripo-Inspektion Tiergarten war es offenbar üblich, Programme aus dem Osten zu empfangen. Im Oktober 1963 berichtete Kurras darüber, dass er gemeinsam mit mehreren Kollegen während des Nachtdienstes eine Folge der Serie »Blaulicht«[33] gesehen hatte. Diese Sendung des DDR-Fernsehens war offenbar beliebt bei den Beamten von der Kipo-West, und so hatten sie schon vor der Ausstrahlung das gemeinsame Fernseherlebnis während der Dienstzeit verabredet. In dieser ersten ostdeutschen Krimiserie, die als Vorgängerin des »Notrufs 110« ein Gegengewicht zur westdeutschen Krimireihe »Stahlnetz« bilden sollte und auf bis zu 70 Prozent Zuschaueranteil kam, ging es meist um Trickbetrug, Diebstahl, Einbruch oder auch Mord. Die Geschichten basierten auf wahren Begebenheiten – und meistens waren es Bösewichte aus dem Westen, die ihre Verbrechen in der friedfertigen DDR verübten. Kurras hatte in dieser Nacht allerdings Pech: Er musste zu einem Einsatz ausrücken und konnte den Film nicht zu Ende sehen.[34]

Kurras' eigene politische Meinung schimmert nur an manchen Stellen der Akte durch. Es erscheint wahrscheinlich, dass seine Führungsoffiziere und Kuriere längst nicht alle politischen Gespräche notierten, die sie mit ihm gewissermaßen informell führten. In den »offiziellen« Gesprächen gehen die Berichte nie auf Kurras' Meinung ein, es wird stets nur erwähnt, ob er etwas »verstanden« oder »nicht verstanden« habe und ob seine Meinung »korrigiert« werden musste. Aus seinen eigenen Berichten erfahren wir ebenfalls nicht sehr viel. An mehreren Stellen beschwert er sich empört über

»Hetze« gegen die DDR von Seiten seiner Vorgesetzten oder Kollegen. Auch über Erich Duensing, den Kommandeur der West-Berliner Schutzpolizei, regte Kurras sich auf. Duensing, der 1962 unter dem Regierenden Bürgermeister Willy Brandt sogar Polizeipräsident wurde, hatte – so berichtete es »Otto Bohl« – nach einer Schießerei zwischen West-Berliner Polizeibeamten und Ost-Berliner Volkspolizisten seinen Männern eine Anerkennung ausgesprochen und dabei dem Vernehmen nach gesagt: »Es wird zurückgeschossen«.[35] Diese Formulierung erinnerte stark an Hitlers Verklausulierung für den deutschen Überfall auf Polen am 1. September 1939: »Von nun an wird zurückgeschossen«. Das war besonders pikant, weil das SPD-Mitglied Duensing als Truppenführer und Generalstabsoffizier an der mit brutalen Mitteln geführten Bekämpfung von Partisanen während der deutschen Besetzung der Ukraine beteiligt gewesen sein soll.

# »Wir haben eine Kraft, die uns keiner nehmen kann«

Charlotte Müller – Kurierin des MfS

Am 24. April 1958 betrat eine kleine, etwas untersetzte dunkelhaarige Frau das Gebäude der Polizeiinspektion Charlottenburg am Kaiserdamm 1.[1] Sie sah sich in der großen Empfangshalle um und merkte sich die örtlichen Gegebenheiten. Sie wunderte sich, dass sich niemand für sie als Fremde interessierte, dass sie ohne Passierschein oder Ausweiskontrolle an dem Schalter mit dem Polizeibeamten vorbeigehen konnte. Niemand wollte wissen, wer sie war und zu wem sie wollte. Einer jedoch erwartete sie. Karl-Heinz Kurras kam die Treppe herunter geschritten, begrüßte die ihm unbekannte Besucherin und führte sie nach oben in ein großes Zimmer. Er bot ihr Schokolade an und plauderte mit ihr. Dann kam er zum eigentlichen Anlass des Besuches. Er überreichte ihr den Einsatzplan der West-Berliner Polizei zum bevorstehenden 1. Mai. Daran war das MfS jedes Jahr aufs Neue stark interessiert, und so hatte man Charlotte Müller – alias »Lotte Schwarz« – geschickt, um die Unterlagen bei Kurras abzuholen. Die 57-Jährige arbeitete für die Abteilung VII der Staatssicherheit und betreute die Spitzel, die bei der West-Berliner Polizei saßen.

Das ungleiche Paar scheint sich vom ersten Augenblick an gemocht zu haben. In den nächsten acht Jahren entwickelte sich eine recht innige Beziehung zwischen beiden – man könnte sogar von einer Art Mutter-Sohn-Verhältnis sprechen. Für ihre Führungsoffiziere waren Kurras und Müller ein »Dreamteam«. Sie arbeiteten äußerst erfolgreich zusammen, und die Ältere entwickelte sich zu einem nahezu perfekten Instrument, um den Jüngeren zu lenken, sei es bei der gemeinsamen konspirativen Tätigkeit, sei es bei der politischen oder auch mentalen Führung. Dass beide darüber hinaus auch eine tiefere menschliche Bindung knüpften, sah man dagegen in Ost-Berlin nicht so gerne.

Charlotte Müller war als Tochter eines Klempners und einer Hausfrau am 5. Januar 1901 in Berlin geboren worden. Den Ideologiewächtern der SED galt sie somit als »bürgerlich«, wie ein Auskunftsbericht aus dem Jahr 1975 ausdrücklich bemerkt.[2] Das junge Mädchen hatte offenbar einiges vom handwerklichen Talent ihres Vaters abbekommen, denn vor dem Besuch der Handelsschule absolvierte sie in dessen Betrieb eine Klempnerlehre – im Kaiserreich eine ungewöhnlich Ausbildung für ein Mädchen. Bei diesem Beruf blieb sie dann aber doch nicht. Sie arbeitete als Stenobuchhalterin in verschiedenen städtischen Betrieben wie dem Berliner Spar- und Bauverein, aber auch in einer Verlagsbuchhandlung. Auch sportlich scheint sie in jungen Jahren gewesen zu sein, denn von 1928 bis 1933 war sie als Schwimmmeisterin in verschiedenen Badebetrieben der Hauptstadt tätig.

Schon als Jugendliche hatte sich Charlotte Müller 1919 der Arbeiterbewegung angeschlossen.[3] Es war eine bewegte Zeit – der Kaiser war nach der deutschen Kapitulation im November 1918 gestürzt worden, die junge Demokratie musste sich schon in ihrer Geburtsstunde gegen Angriffe von rechts und links wehren. Mit der unter ihrem Vorsitzenden Ernst Thälmann stalinistisch geprägten und streng Moskautreuen KPD schloss Müller sich 1928 einem der Hauptfeinde der Republik an. Weil Nazi-Deutschland nach 1933 ein gefährliches Pflaster für überzeugte Kommunisten war, ging die inzwischen 32-Jährige ins Exil nach Holland, wo sie sofort wieder für die in der Illegalität wirkende Partei tätig wurde. Hier erlebte sie, wie es unter Kommunisten zugehen konn-

Die altgediente Kommunistin Charlotte Müller (alias »Lotte Schwarz«) wurde von 1958 bis 1965 als Kurierin für Kurras eingesetzt.

te. Nach einem Streit mit dem Abwehrchef und Mitglied des Politbüros, Leo Fliege, wurde sie aus der Partei ausgeschlossen, auf Weisung der Parteiführung aber wenig später wieder aufgenommen.[4] Fliege selbst wurde später ein Opfer der stalinistischen Säuberungen in der Sowjetunion.

Nachdem Charlotte Müller 1936 verraten und kurzzeitig inhaftiert worden war, wurde sie von den holländischen Behörden nach Belgien ausgewiesen. Auch dort wurde sie sofort für die Partei aktiv, unter anderem für Otto Niebergall, der eine führende Rolle unter den nach Westen emigrierten KPD-Mitgliedern spielte und für die Partei später, von 1949 bis 1953, im Bundestag saß. Ende Oktober 1941 wurde sie im inzwischen von Deutschland besetzten Belgien verhaftet und wegen Vorbereitung zum Hochverrat verurteilt. Die Zeit bis zum Kriegsende verbrachte sie zunächst im Gefängnis und ab Ende April 1942 im Frauen-KZ Ravensbrück. Nach der deutschen Kapitulation kehrte sie nach Berlin zurück, wo sie als Stenotypistin in der politischen Abteilung des Bezirksamts Wedding unterkam.

Charlotte Müller hatte aufgrund ihrer politischen Überzeugung bittere Erfahrungen gemacht und ihr Leben der Partei gewidmet. So wollte sie nach den Jahren der Nazi-Diktatur am Aufbau eines neuen Deutschlands mitwirken – und verschrieb sich nun selbst einer Diktatur. Sie ging zur Volkspolizei in den sowjetischen Sektor, wo sie im medizinischen Dienst tätig war. Und sie begann, für die Staatssicherheit ihr Umfeld auszuspitzeln – Kollegen, Patienten, Versammlungen der SED, der sie nach deren Gründung angehörte, aber auch Versammlungen der bürgerlichen Parteien und von Religionsgemeinschaften. Sie machte diese Arbeit gut. So gut, dass die Berliner MfS-Verwaltung auf sie aufmerksam wurde und ihr 1951 anbot, ganz in ihre Dienste zu treten. So wurde sie im Alter von 50 Jahren offiziell Rentnerin. Das MfS übernahm ihr Gehalt in Höhe von 450 Mark. Sie verpflichtete sich, »freiwillig bei der Aufklärung von Verbrechen und Vergehen, die sich gegen das deutsche Volk, gegen seine friedliche demokratische Entwicklung und ganz besonders gegen die werktätigen Menschen und ihre Organisationen vorbereitet werden, mitzuwirken«.[5] Sie wurde zu einem willigen Instrument der Stasi, das sich »ohne Widerrede« zu jeder Tages- und Nachtzeit dem MfS zur Verfügung stelle, lobte im Juli 1959 ihr Führungsoffizier. Schwierige Aufträge habe sie »ohne Hemmungen« durchgeführt, die »Tapferkeit« sei »bei ihr stark ausgeprägt«.[6] Grund genug für ihren obersten Vorgesetzten, den Minister für Staatssicherheit Erich Mielke, ihr mehrere Orden – darunter den »Vaterländischen Verdienstorden in Gold« und die »Verdienstmedaille der Nationalen Volksarmee in Silber« – zu verleihen.

Die Partei scheint ihr über alles gegangen zu sein, ihre Schwester schilderte sie als »fanatische Kommunistin«. Verheiratet war sie nie, und sie hatte auch nie Kinder. In ihrer Akte taucht einmal ein Holländer auf, der eine Zeit lang bei ihr in Prenzlauer Berg wohnte. Ob es sich dabei um eine Partnerschaft handelte, lässt sich nicht herauslesen. Auf den wenigen Bildern aus den fünfziger Jahren, die sich in ihrer Akte finden, sieht man eine Frau mittleren Alters mit einem durchaus freundlichen Gesicht, das in jungen Jahren wahrscheinlich einen gewissen Reiz auf ihre männliche Umwelt ausgeübt hatte. Die gekräuselten Haare haben einen Seitenscheitel, die Blusen, die sie trägt, wirken brav und bieder.

Charlotte Müller kannte Westdeutschland durch Reisen zu Bekannten und war häufig bei ihrer Schwester in West-Berlin zu Besuch. Möglich wurde dies, weil die Stasi ihr einen westdeutschen Pass besorgt hatte, mit dem sie ungehindert die Sektorengrenze passieren konnte. Als sie diesen bei einem Besuch im Westen verlor, besorgte man ihr einen österreichischen Pass. Das war nötig, weil nach dem Mauerbau die regelmäßigen Treffen mit Kurras und anderen Geheimen Mitarbeitern nur noch in West-Berlin stattfinden konnten. Sie hielt den Kontakt zu mehreren Agenten bei der West-Berliner Polizei wie »Tony« oder »Hella«. Weder ihre eigene noch die Kurras-Akte sagen etwas über deren Identität, weil die Klarnamen naturgemäß von der Stasi-Unterlagenbehörde geschwärzt sind. Sie betreute aber auch das namentlich bekannte Agentenehepaar Hans und Irmgard Weiß. Mit der Frau war sie – entgegen den Vorgaben des MfS – sogar persönlich befreundet, weshalb sie aus Sicherheitsgründen aus dem Verkehr gezogen werden musste, als das Ehepaar Weiß 1965 aufflog. Ihre Bezüge wurden auf 250 Mark gekürzt. Völlig abbrechen wollte das MfS den Kontakt indes aus »operativen« Gründen nicht. Charlotte Müller hatte tiefe Einblicke in die Geheimdienstarbeit bekommen und hätte in West-Berlin wertvolle Tipps geben können. Daher behielt man sie lieber unter Kontrolle. 1975 wurde sie, bereits 74-jährig, nochmals angeworben.[7] Aber ihr zunehmendes Alter ließ naturgemäß ihre Perspektive für das MfS immer ungünstiger erscheinen. Am 14. März 1989 starb Charlotte Müller. In einer gemeinsamen Todesanzeige der SED und des »Komitees der Antifaschistischen Widerstandskämpfer der DDR« hieß es: »Wir verlieren mit ihr eine bewährte Genossin, die ihr ganzes Leben in den Dienst des Kampfes der Arbeiterklasse gegen Imperialismus und Krieg, für Frieden und Sozialismus gestellt hat. Wir werden ihr Andenken bewahren.« Ihre Akte bei der MfS-Verwaltung Berlin wurde am 30. Oktober 1989 endgültig geschlossen. Wenige Tage später fiel die Mauer, ein knappes Jahr darauf war Deutschland wiedervereinigt. Charlotte Müller hat nicht mehr erlebt, wie »ihr« sozialistisches Deutschland unterging. Den Bau der Mauer hatte sie zu Lebzeiten verteidigt.[8]

Über ihre eindrucksvolle, von bitteren Erfahrungen geprägte Vorgeschichte wusste Karl-Heinz Kurras natürlich nichts, als er an jenem Apriltag 1958 erstmals dieser nur 1,65 Meter großen Frau mit den blauen Augen in der Charlottenburger Polizeiinspektion gegenübersaß. Es war wie erwähnt das erste Treffen des jungen, ehrgeizigen Mannes und der reifen, erfahrenen Frau. Müller scheint schon bei diesem ersten Treffen mütterliche Gefühle für den akkuraten, 26 Jahre jüngeren Polizeibeamten entwickelt zu haben. Im Bericht, den sie einen Tag später verfasste, bezeichnete sie ihn als »der junge Freund«. Möglicherweise verglich sie auch dessen Situation mit der, die sie selbst in Kurras' Alter hatte durchleben müssen. Er wiederum fasste offenbar sofort Vertrauen zu ihr. Vielleicht gefiel beiden auch die Situation, die zweifellos einen gewissen Nervenkitzel bedeutete: mitten in einer West-Berliner Polizeiinspektion setzten die beiden Stasi-Spitzel sich seelenruhig in ein Zimmer in einem oberen Stockwerk, aßen Schokolade, plauderten und ließen sich nicht von den Polizeibeamten stören, die hin und wieder den

Raum betraten und sich mit einer kurzen Entschuldigung wieder zurückzogen.

Das Gespräch mit Müller macht deutlich, dass Kurras unter seiner Einsamkeit als Agent in einer Umwelt, in der er nicht seine wahre Meinung äußern konnte, litt. Es scheint zudem so, als ob Kurras sich nach drei Jahren Spitzeltätigkeit nach einem menschlichen Kontakt bei der Stasi sehnte. Die Treffen mit Redlin scheinen eher geschäftsmäßig abgelaufen zu sein, jedenfalls lassen dessen Treffberichte keine Rückschlüsse auf weitergehende zwischenmenschliche Kontakte zu. Diese waren auch aus Gründen der Konspiration vom MfS eigentlich nicht vorgesehen. Möglich aber, dass Müller bewusst die Rolle einer Seelentrösterin übernahm. Kurras begann sofort, ihr sein Herz auszuschütten. Er erzählte ihr von seinen Schwierigkeiten, sich bei politischen Diskussionen mit seinen Kollegen zu verstellen, was dringend notwendig war, um sich nicht verdächtig zu machen. Er schien zu glauben, dass sich in nächster Zeit eine gravierende Änderung zugunsten des Ostens anbahnte. »Er hofft, dass bald eine Änderung kommt. Gerade durch den Kampf gegen die Atombomben«, berichtete Müller. Mit Freude berichtete er über ein Ereignis aus der Vorwoche. Ein junges Mädchen sei verhaftet worden, weil sie Flugblätter gegen die Bewaffnung der Bundeswehr mit Atombomben verteilt habe. »Die hat es den Polizisten so richtig gegeben, darüber habe ich mich gefreut.« Alle Polizeibeamten hätten sie kennenlernen wollen. Nach vier Stunden und langen Diskussionen mit den Kollegen sei sie entlassen worden.

In diesem Gespräch ließ Kurras sich auch über die angeblich besseren Bildungschancen im Osten aus. Er könne in seiner Situation nur für sich allein lernen und mit niemandem über das Gelesene diskutieren, was aber sehr wichtig sei, klagte er. Nun zeigte sich, dass die überzeugte und erfahrene Berliner Kommunistin genau die richtige war für den

Kontakt zu dem jungen Agenten, der dringend moralische Unterstützung brauchte. Nicht umsonst galt sie in den eigenen Reihen als eine offene und redegewandte Frau, die keine Schwierigkeiten hatte, Kontakte aufzubauen. Sie stand sogar im Ruf, äußerst redselig zu sein. »Die M. besitzt die Eigenschaft, recht viel zu reden«, hatte schon ihr erster Führungsoffizier im Oktober 1952 dem damaligen Leiter der MfS-Verwaltung Berlin, Hans Fruck, leicht genervt geschildert.[9]

Sie berichtete Kurras, wie sie selbst während des Exils sehr viel gelernt habe, ohne dass ihr viele Bücher zur Verfügung gestanden hätten. Und sie gab nicht nur ihre Erfahrung weiter, sondern erteilte ihm auch eine kleine historische Lektion: »Gerade die Arbeit lehrt uns mehr, als mancher sich mit Buchweisheit vollstopft und keine Praxis hat. So wie Sie es eben sagten, ist es nicht ganz richtig. Die praktische Arbeit ist ja die Theorie. Wir setzen es in praktische Arbeit um. Unser Marx hat ja seine Theorie aus der Arbeiterbewegung und frühen Revolutionen genommen, besonders aus der Französischen Revolution.« Nun war »Lotte Schwarz« so richtig in ihrem Element. Es sei zudem auch gar nicht schwer, sich zu tarnen, ging sie auf Kurras' Probleme ein, mit seiner wirklichen Meinung vor den Kollegen hinterm Berg zu halten. Sie verwies wiederum auf Marx, der sich auf die Theorie Darwins gestützt habe. »Ein Baum, der muss auch täglich kämpfen mit der Natur, Sturm, Wasser oder Trockenheit und mit den Pflanzen in seiner Umgebung. Das Starke setzt sich immer durch. Man kann das Starke auch mit dem Guten vergleichen.« Sie verglich ihre Situation in der Zeit des Nationalsozialismus mit der Lage von Kurras. Als sie gefragt worden sei, ob Hitler den Krieg gewinnen werde, habe sie geantwortet: »Das Gute wird siegen und das Schlechte geht unter.« Auch hatte sie ein unschlagbares Argument, warum Kurras für die richtige Seite kämpfe: »Sehen Sie, im Osten geht die Sonne auf und im Westen geht sie unter. Das ist ein Naturgesetz, wer sich gegen Naturgesetze stellt, geht unter.« Am Ende betonte sie das Allwissen der SED: »Weil unsere Partei Naturgesetze und alle Vorgänge in der Politik kennt, haben wir alle eine Kraft, die uns keiner nehmen kann.«

Welche Rolle Charlotte Müller als Betreuerin zugedacht war, zeigt auch ein gemeinsamer Besuch mit Kurras im ehemaligen Lager Sachsenhausen, an dem auch Eiserbeck teilnahm. Ihm war offenbar durch Gespräche klar geworden, dass Kurras' Verhältnis zu den »Freunden« keineswegs so entspannt war, wie dieser behauptet hatte. Kurras empfand seine mehrjährige Inhaftierung als ungerecht und Müllers Aufgabe war nun, ihn von der Richtigkeit des Vorgehens der sowjetischen Behörden zu überzeugen. Die drei nahmen während des Besuchs unter anderem an einer Filmvorführung teil, die die Geschichte des Konzentrationslagers unter den Nationalsozialisten beleuchtete. »Lotte Schwarz« berichtete dabei aus ihrer eigenen Haftzeit und am Ende notierte Eiserbeck, »dass dieser Besuch eine gute Wirkung auf den GM hatte«. Charlotte Müller wurde für den viel jüngeren Karl-Heinz Kurras in den acht Jahren ihrer Zusammenarbeit von 1958 bis 1965 viel mehr als nur eine Kurierin. Sie betreute ihn regelrecht, half bei seiner politisch-ideologischen Formung mit und baute ihn wieder auf, wenn es sein musste. Er selbst äußerte sich später gegenüber ihrer Nachfolgerin Margarete Jahnke alias »Margarete Winter« sehr positiv über sie.[10]

# »Verwertung nur äußerst konspirativ«

## Wie Kurras die Polizei ausspitzelte

In einer Bilanz der Tätigkeit von Karl-Heinz Kurras liste-te Eiserbeck im Jahr 1967 auf 22 Seiten alle Informationen auf, die sein Agent seit 1955 geliefert hatte. Darunter waren mehr als 20 Berichte über festgenommene GM, neun über desertierte MfS-Angehörige, je mehr als 50 Informationen über Arbeitsweise, Struktur, Personal und Ermittlungen der Schutzpolizei und der Abteilung I sowie fast 70 vergleichbare Berichte inklusive geheimen Unterlagen über die anderen Abteilungen der Kriminalpolizei; hinzu kamen noch Berich-te allgemeiner Art, zahllose Überprüfungen von Kfz-Kenn-zeichen sowie Ermittlungen von Adressen und Arbeitsstellen bestimmter Personen. Das sei, so Eiserbeck, noch gar nicht alles, was »Otto Bohl« in zwölf Jahren und einem Monat zu-sammen getragen habe, aber aufgrund unzureichender Ak-tenführung sei ein genauer Überblick über Umfang, Anzahl und Wert der Tätigkeit nicht mehr möglich.[1]

Im Folgenden sollen einige Beispiele dieser Tätigkeit gege-ben werden.

Von besonderem Interesse für das MfS war zweifellos die Umgestaltung der West-Berliner Schutzpolizei, die sich An-fang 1959 ankündigte. Am 6. Februar früh morgens wurden die Kollegen der Polizeiinspektion Charlottenburg zusam-mengerufen.[2] Der stellvertretende Inspektionsleiter Wilhelm Graurock unterrichtete sie über die bereits laufende Auf-stellung von Polizei-Hundertschaften, die es bislang in der West-Berliner Polizei nicht gegeben hatte. Für die Charlottenburger Kollegen war das Thema schon deshalb nicht neu, weil die »Demokratische Polizei«, ein vom MfS für West-Berliner Polizisten verfasstes Blatt, darüber bereits berichtet hatte, wie Graurock selbst süffisant bemerkte. Wegen des Plans hatte es bereits Unruhe gegeben, und so bemühte sich Graurock, einen plausiblen Grund dafür zu geben. »Stellen Sie sich Waldbrände vor. Die Bepo [Bereitschaftspolizei] und die EKdo's [Einsatzkommandos] reichen nicht aus. Wer soll jetzt einschreiten?« Kurras berichtete dem MfS, dass es daraufhin Zwischenrufe und Proteste der Anwesenden gegeben habe. »Der 28. Mai rückt immer näher. Nicht mit uns.«

Mit dem genannten Datum spielten die Zwischenrufer auf das Ultimatum an, das der sowjetische Staats- und Parteichef Nikita Chruschtschow drei Monate zuvor ausgesprochen hatte. Er hatte in einer Rede das Recht der westlichen Alliierten auf eine Anwesenheit in Berlin bestritten, wenige Wochen später die Umwandlung der Stadt in eine »selbständige politische Einheit« mit dem Status einer »entmilitarisierten Freien Stadt« gefordert und dies mit einem Ultimatum verbunden, das am 27. Mai 1959 enden sollte. Für den Fall, dass es bis dahin nicht zu einer Lösung im Sinne Moskaus käme, würde er mit der DDR-Regierung eine Vereinbarung treffen, nach der diese die ihr angeblich zustehenden Hoheitsrechte ausüben solle. Dies werde dann auch für alliierte Militärtransporte nach Berlin gelten. Die Volkspolizei war bereits zuvor dazu übergegangen, solche Transporte teilweise zu blockieren und sogar zu beschlagnahmen. Daraufhin waren im NATO-Hauptquartier Pläne diskutiert worden, notfalls gewaltsam dagegen vorzugehen. Wieder einmal machte sich daher in West-Berlin die Sorge breit, der Kalte Krieg könne in einen heißen umschlagen.[3] Gerade in den Reihen der Polizei fürchtete man, nach dem Ablauf des Ultimatums in gewaltsame Auseinandersetzungen verwickelt zu werden – also ab dem erwähnten 28. Mai.

Die Kollegen glaubten ihrem stellvertretenden Inspektionsleiter kein Wort. Für Waldbrände brauche man keine Polizeihundertschaften, sondern Feuerwehrspritzen, riefen sie. Befriedigt notierte Kurras für seinen Führungsoffizier, dass es unter den Kollegen in seinem Revier eine große Opposition zu den Plänen gebe. Tatsächlich versuchte die Polizeiführung in den folgenden Wochen, den Plan besser zu begründen und populärer zu machen. Drei Wochen später ließ Polizeivizekommandeur Wilke alle ausgewählten Hundertschaftsführer zusammenrufen und bläute ihnen die Notwendigkeit geschlossener Einheiten ein, die »speziell für den Häuserkampf, Objektschutz«, aber auch andere Aufgaben bestehe.[4] Das entsprach dem wirklichen Zweck natürlich viel mehr als der angebliche Einsatz bei Waldbränden. Die Kritik verstummte indes keineswegs. Von »Polizeimilitarismus« war die Rede, und die Hundertschaften wurden mit den Bataillonen verglichen, die während des »Dritten Reiches« zur Vernichtung von Juden in Polen eingesetzt worden waren.[5] Auch das Mitteilungsblatt der Polizeigewerkschaft setzte sich kritisch mit den Plänen der Polizeiführung auseinander. Gleichwohl darf nicht übersehen werden, dass gerade in der »Frontstadt« West-Berlin die Furcht vor militärischen Auseinandersetzungen oder vor einem Abzug der West-Alliierten groß war, wie auch Kurras' Spitzelberichte über die Gespräche unter seinen Kollegen immer wieder zeigten. Chruschtschows Berlin-Erklärung habe in den Reihen der Polizei einen Schock hervorgerufen, hatte »Otto Bohl« schon am 29. November des Vorjahres, zwei Tage nach der Veröffentlichung dieser Note, berichtet.[6] Es gebe eine große Nervosität und man sage ganz offen, dass Berlin keinen Krieg wert sei. Die Sicherheitsgarantien der West-Alliierten bedeuteten nichts, so gab er die Einschätzung seiner Kollegen wieder. Die allgemeine Meinung sei, dass es nicht zu einer militärischen Operation kommen und dass die Sowjetunion wie angekündigt alle Vollmachten zu Lande, zu Wasser und in der Luft an die DDR übergeben werde. Das bedeute, dass die »westberliner Besatzungstruppen« von allen DDR-Behörden eine Genehmigung bekommen müssten, die ihnen allerdings mit Sicherheit auch gewährt würden. Nachdem es auch bei einer Zusammenkunft aller Ausbilder der Hundertschaften zu lautstarken Protesten gekommen war, ergriff Polizeikommandeur Duensing selbst das Wort und ließ nun an der Stoßrichtung keinen Zweifel mehr. »Mit aller Härte und mit Schärfe ist gegen die Kommunisten vorzugehen. Wenn wir mit dem Knüppel einschlagen, dann so, dass sie an der Wand kleben bleiben. Wenn ich Ihnen den Feuerbefehl gebe, muss Blut an der Wand spritzen.«[7] In der von SPD-Vertretern stark durchsetzten Polizeiführung herrschte zu dieser Zeit ein klarer, von den Erfahrungen des Kalten Krieges geprägter Antikommunismus vor.

Vor dem Hintergrund der angespannten Lage um Berlin während des Chruschtschow-Ultimatums machte die Aufstellung der neuen Hundertschaften rasante Fortschritte. Kurras hielt seine Auftraggeber in Ost-Berlin darüber regelmäßig auf dem Laufenden. Für sie waren die Berichte höchst wertvolle Informationen, die Redlin umgehend an die Führung des MfS-Bezirks Groß-Berlin weitergab, von wo aus sie zweifellos auch an Minister Mielke weitergereicht wurden. So bekam »Otto Bohl« auch den Auftrag, die Entwicklung der Hundertschaften ständig unter Beobachtung zu halten und neue Informationen sofort zu melden.[8] Schon am 7. Februar, einen Tag nach der offiziellen Verkündung der Aufstellung von Hundertschaften vor den Kollegen des Einsatzkommandos Charlottenburg, konnte Kurras Details über den Aufbau und die Struktur der Einheiten[9] vermelden, eine Woche später über die Ausrüstung. Zu dieser Zeit waren zwölf Hundertschaften aufgestellt, zehn Tage später waren es bereits 30. Sie wurden neben Pistolen auch mit Maschinengewehren und -pistolen aus amerikanischer Produktion ausgerüstet. Die Zugführer wurden vom jeweiligen Revier gestellt – Kurras selbst wurde zum stellvertretenden Führer ernannt. Anfang April 1959 startete die Ausbildung der Hundertschaften, Mitte Mai sollte sie abgeschlossen sein – also knapp zwei Wochen vor dem Ende des Chruschtschow-Ultimatums.

Als Chruschtschow seine Drohgebärden zunehmend einstellte und schon kurz vor dem vermeintlichen Tag X von Konsequenzen keine Rede mehr war, beruhigte sich die Stimmung in der Polizei, wie Kurras notierte.[10] Das dürfte auch mit dem Rückzug des zunächst so polternd aufgetretenen Sowjet-Führers auf der Genfer Außenministerkonferenz zu tun gehabt haben, da sich dadurch die internationale Lage entspannte. »Durch das Treffen der Außenminister hat sich die ›Vorstellung vom 27. Mai‹ geglättet und beruhigt«, so Kurras' Feststellung Anfang Juni.[11] Die Hundertschaften wurden trotzdem aufgestellt. Die Polizeiführung ließ sich nun allerdings zwei Monate länger Zeit, als ursprünglich geplant. Der Druck war ja mit dem Ende des Ultimatums vorerst ein wenig aus dem Kessel gelassen.

Doch die internationale Situation beruhigte sich nicht dauerhaft, und das hatte natürlich Auswirkungen auf das deutsch-deutsche Verhältnis, was wiederum das Sicherheitsbedürfnis bei den Politikern in West-Berlin – der Insel inmitten des »roten Meeres« DDR – steigerte. Am 19. Januar 1960 meldete sich Kurras telefonisch bei Redlin und bat um ein außerplanmäßiges und kurzfristiges Treffen. Der erfahrene Stasi-Mann wusste natürlich, dass ein Spitzel in einem solchen Fall gewöhnlich eine Nachricht von höchster Brisanz mitbrachte. »Otto Bohl« war nun lange genug im Geschäft, um Wichtiges von Unwichtigem unterscheiden zu können. Also vereinbarte Redlin mit ihm einen Treff für den folgenden Tag um 20 Uhr am Senefelder Platz in Prenzlauer Berg. Die beiden Männer mussten sich in Redlins Auto treffen, da offenbar so rasch keine freie konspirative Wohnung aufzutreiben war. Kurras enttäuschte seinen Führungsoffizier nicht – was er mitbrachte, war eine echte Bombe. Er berichtete von den Planungen, den Freiheits-Schutzbund der SPD[12] und die Junge Union, die Nachwuchsorganisation der CDU, mit Waffen auszustatten und als Polizeireserve einzusetzen.[13]

Vermutlich war dieser Plan von Innensenator Joachim Lipschitz als Folge der von Chruschtschow angedrohten Blockade West-Berlins erdacht worden. Der SPD-Mann zählte nicht zu denen, die irgendwelchen Friedensbeteuerungen aus Moskau Glauben schenkten. Er war nach dem Zweiten Weltkrieg zunächst von 1946 bis 1948 als Bezirksstadtrat in Berlin-Lichtenberg im sowjetischen Sektor der Stadt tätig gewesen. Wegen seiner Gegnerschaft zur Zwangsvereinigung von SPD und KPD zur SED war er in den Westteil geflohen. 1955 ernannte ihn der Regierende Bürgermeister Otto Suhr zum Innensenator. Dessen Nachfolger Willy Brandt beließ ihn in diesem Amt. Lipschitz hatte sich in der Weimarer Republik als Jugendlicher selbst im Reichsbanner Schwarz-Rot-Gold, aus dem später der Freiheits-Schutzbund hervorging, engagiert. Nun waren die Vorarbeiten für die geplante Polizeireserve so weit fortgeschritten, dass er sie in die Tat umsetzen wollte. Dass die Ausbildung »streng geheim« sein sollte, erscheint nicht überraschend, denn Lipschitz befürchtete scharfe Kritik an seinem Plan, falls dieser zu früh bekannt werden würde. So erfuhr zunächst nur ein ganz kleiner Kreis von dem Vorhaben. Die Sache verdeutlicht, dass sich »Otto Bohl« schon vor seiner Versetzung zum Staatsschutz zu einer Topquelle entwickelt hatte. Redlin sprach ihm ausdrücklich seine Anerkennung aus.

Natürlich erkannte er die Brisanz der Nachricht sofort und ließ den handgeschriebenen Bericht seines Spitzels säuberlich abgetippt an den Chef der Stasi-Verwaltung von Groß-Berlin, Ernst Wichert, weiterreichen. Die Zeit drängte. Lipschitz hatte eine Rede am kommenden Samstag, dem 23. Januar, vor dem ersten Lehrgang der ersten 60 angehenden Unterführer angekündigt. Die große Zahl Eingeweihter macht klar, dass die ganze Sache in diesem Stadium kaum noch geheim zu halten war. Die Leitung sollte in den Händen eines Polizeioberrates, eines Polizeihauptkommissars sowie zweier Polizeioberkommissare liegen. Die für später angepeilte Anzahl der bewaffneten Kräfte von 5 000 Mann, von der Kurras vier Wochen später berichtete,[14] beunruhigte die Experten im Osten. Schon in seinem ersten Bericht teilte Kurras mit, dass zunächst die Mitglieder des Freiheitsschutzbundes, später auch die der Jungen Union, mit Pistolen »P38 9mm« sowie mit französischen Karabinern ausgerüstet werden sollten. Bis zum 29. Januar waren alle Vorbereitungen abgeschlossen – Schränke für die Teilnehmer waren geliefert, die Waffen herbeigeschafft und Dienstpläne aufgestellt. Doch dann, so erfuhr Kurras, wurde die Ausbildung urplötzlich zurückgestellt. Es ging das Gerücht, die Alliierten hätten den Plan verboten. Zwei Wochen später konnte er ermitteln, dass Bewaffnung und Ausbildung aufgeschoben seien.

Damit waren sie aber keineswegs aufgehoben. Mitte Oktober nahm die Sache plötzlich wieder Fahrt auf. 1 000 Personen sollten nun als Mitglieder des Freiheitsschutzbundes schnellstens ausgebildet werden.[15] Die Alliierten hatten, da sie angeblich mit einer »Unruhe-Offensive« des Ostens gegen West-Berlin im kommenden Jahr – dem Jahr, in dem dann die Mauer errichtet wurde – rechneten, zwar nicht offiziell zugestimmt, aber ihren Widerstand hintangestellt. Der SPD-Abgeordnete im Abgeordnetenhaus Franz Ehrke machte in einer Rede vor Polizeibeamten deutlich, dass die Polizeireserve in erster Linie als direkter Widerpart zu den Betriebskampfgruppen in der DDR gedacht war. Sie sollte in den Großbetrieben gegen feindliche Elemente die Ordnung herstellen und könnte sowohl gegen einen Einmarsch von Truppen der Nationalen Volksarmee und der Volkspolizei einschreiten (»großer Plan«) als auch gegen die Betriebskampfgruppen eingesetzt werden (»kleiner Plan«), zitierte Kurras die Ausführungen von Ehrke an anderer Stelle indirekt.[16] Es gab aber bald ein Problem: Die anvisierte Stärke von 5 000 Mann konnte nicht erreicht werden, weil sich nicht genug Freiwillige meldeten. Da half auch der sanfte Druck, der auf Senats-Beamte ausgeübt wurde, nicht viel, wenngleich sie auch von den 3 500 Mann, die bis 1962 aufgestellt worden waren, 3 000 stellten. Als am 1. Mai des Jahres die »Bären-Miliz«, wie sie von der West-Berlinern auch genannt wurde, auf dem Gelände vor dem Reichstag in ihren schmucklosen graublauen Uniformen erstmals aufmarschierte, erfüllte sie den Regierenden Bürgermeister Willy Brand zwar mit »Freude und Stolz«, wie der »Spiegel« berichtete. Aber hätte das SED-Regime tatsächlich einen Sturm auf West-Berlin geplant – mit dieser Truppe wäre er sicherlich nicht zu stoppen gewesen. Auch Charlotte Müller brachte einen beruhigenden Bericht nach Ost-Berlin mit. Sie war am 1. Mai bei der Kundgebung mit 700 000 Teilnehmern gewesen und hielt fest: »Lachen musste ich über die Freiwillige Polizei. Die marschierten undiszipliniert. Man merkte ihnen an, dass sie aus den Büros kamen. Sie trugen keine Waffen.«[17]

Informationen über den Inhalt von Ausbildungslehrgängen oder -plänen waren für das MfS immer von höchstem Interesse und wurden auch direkt nachgefragt. Das gleiche galt für Neuigkeiten über die Bewaffnung der Polizei, über die Kurras auch immer wieder Auskünfte geben konnte. Zu diesem Zweck fotografierte er Unterlagen, schickte Originaldokumente zum Kopieren oder schrieb – was am häufigsten vorkam – Berichte. Er fertigte Zweitschlüssel an, durchsuchte die Schreibtische von Vorgesetzten und Kollegen und machte Skizzen von ihren Arbeitszimmern. Einmal, im November 1962, beauftragte das MfS ihn, Wanzen in das allgemeine

Dienstzimmer der Kripo-Inspektion Tiergarten einzubauen und in der Wohnung, in der er zur Untermiete wohnte, eine Empfangsstation einzurichten. Ob es tatsächlich dazu kam, ist den Akten nicht entnehmen – die Tatsache aber, dass es keine Berichte von solchen Abhöraktionen gibt, lässt darauf schließen, dass darauf verzichtet wurde. Fallen gelassen wurde auch der ursprünglich sehr ausgeklügelte und ausführliche Plan, das Fahndungsbuch »auszuleihen« und in Ost-Berlin zu kopieren. Das erschien den MfS-Leuten dann doch zu gefährlich, schließlich wurde es täglich von mehreren Kollegen benutzt.[18]

An einem Ort der Weltgeschichte befand sich Kurras im Oktober 1961. Am 22. des Monats wollte sich der Chef der Berliner US-Mission, Allan Ligthner, mit dem Auto über die Grenzübergangsstelle Checkpoint Charlie an der Ecke Friedrichstraße/Zimmerstraße in den Ostsektor begeben. Als die DDR-Grenzer ihn aufforderten, sich auszuweisen, weigerte er sich. Das hatte er schließlich noch nie getan und das Viermächtestatut gab ihm das Recht, sich frei in ganz Berlin zu bewegen. Lightner blieb mit seinem Wagen schließlich einfach vor einem Grenzposten stehen und rührte sich nicht mehr vom Fleck.[19] Aus der Angelegenheit entwickelte sich eine der heißesten Beinahe-Konfrontationen des Kalten Krieges. Kurras war während der amerikanischen »Provokation«, wie das Vorgehen der USA im DDR-Jargon genannt wurde, direkt am Brennpunkt eingesetzt. Washington und Moskau ließen hier, in der Mitte Berlins, Panzer auffahren, die sich nun gegenüberstanden. Mit einem Kollegen von der Abteilung I (der er selbst zu diesem Zeitpunkt noch nicht angehörte) und bepackt mit einem Ring Munition ging er bis auf zwei Meter an die Grenze heran.[20] Kurras beobachte das Geschehen, auch ganz banale Dinge, die selbst in einem solchen Augenblick passieren. So war ein Fotograf in den ersten Stock einer Häuserruine hinaufgestiegen, um bessere

Im Oktober 1961 standen sich am Checkpoint Charlie in der Friedrichstraße sowjetische und US-amerikanische Panzer gegenüber.

Fotos machen zu können – und fiel auf die Straße. Er verletzte sich dabei so stark, dass die Feuerwehr ihn ins Krankenhaus bringen musste. Unter den Reportern habe es heftige Diskussionen gegeben, berichtete Kurras eine Woche später »Lotte Schwarz«, als sie sich in einer Hähnchenbraterei in der Weddinger Badstraße trafen. Kurras wunderte sich auch darüber, dass die U-Bahndecke das Gewicht so vieler Panzer aushalten könne.

Fast alle Reporter waren nach Kurras' Worten der Meinung, dass die amerikanischen Panzer abziehen sollten, Krieg wolle niemand. Schließlich zogen sich die Amerikaner auf Befehl von Präsident Kennedy tatsächlich zurück, woraufhin auch die russischen Panzer abzogen. Gab dieser Bericht, weil die eigentliche Sache ja bereits abgeschlossen war, eher ein interessantes Stimmungsbild, so hatte »Otto Bohl« auch ganz brandaktuelle Nachrichten parat. Er hatte beobachtet, dass weiterhin einige Panzer und Geschütze in den Nebenstraßen der Friedrichstraße standen. Die Soldaten würden regelmäßig vom Dienst abgelöst. Ihr Quartier sei im ersten Stock eines Hauses in der Friedrichstraße, vor dem hohe Sandsäcke gestapelt worden seien. Man könne das Haus »von unserer Seite aus« – damit war die Ost-Berliner Seite gemeint – sehen. Auf der Straße des 17. Juni hatte Kurras zudem englische »Raketengeschosse«, also vermutlich ebenfalls Panzer, gesichtet, die eine Woche nach den Ereignissen noch nicht abgezogen worden waren. »Fast alle Soldaten haben große Feldstecher und beobachten unentwegt die Staatsgrenze.« Im Zusammenhang mit diesen Ereignissen stand auch die Ausbildung aller Polizeibeamten auf den West-Berliner Revieren an Schnellfeuergewehren. Die Ausbildung werde sehr intensiv durchgeführt. Alle Funkwagen, die nicht an der Grenze Dienst taten, waren mit drei Schnellfeuerwaffen ausgerüstet, diejenigen die an der Grenze entlang fuhren außerdem noch mit Maschinenpistolen.

Vier Wochen später besuchte »Otto Bohl« den amerikanischen Stützpunkt in der Lindenstraße, in Sichtweite zum Checkpoint Charlie. Dort befänden sich sechs oder sieben Panzer, die von der Straße aus nicht zu sehen seien, sowie vier Zelte, in denen die Soldaten untergebracht seien, erzählte er »Lotte Schwarz«. Er wusste auch zu berichten, dass die Panzer zunächst in der Kochstraße stationiert gewesen, dann aber verlegt worden seien, weil sie dort nicht manövriert werden konnten. Ebenso teilte er mit, dass in der Friedrichstraße rund um die Uhr zwei Panzerschützenwagen des Einsatzkommandos stünden. Sie seien nur mit vier Mann besetzt, die Mannschaft könne aber auf 30 verstärkt werden. Die Polizeibeamten seien mit amerikanischen Karabinern neu bewaffnet worden. Nicht ohne Stolz hielt »Lotte Schwarz« in ihrem Bericht fest, Kurras habe »am Brandenburger Tor und am Reichstag gesehen, dass unsere Soldaten die tschechische

Waffe hätten nach dem sowjetischen Modell. Diese ist viel besser.«[21] Und auch als Mitte November 1961 auf DDR-Seite Panzersperren aufgebaut wurden, war Kurras auf der anderen Seite der Grenze im Dienst und beobachtete das Geschehen am Reichstag, wo sich zahlreiche empörte Jugendliche versammelt hatten. Mehrfach wurden auch die West-Alliierten Opfer von Kurras' Spionage. So konnte er beispielsweise Informationen über ein britisches Munitionslager in der Hanns-Braun-Straße und über ein Übungsgelände für Schützen geben[22].

Dass »Bohls« Berichte unmittelbar Handlungen des MfS auslösen konnten, zeigt folgendes Beispiel. Am 2. Januar 1959 erstattete er Bericht über einen »politischen Einbruch« in der Charlottenburger Gemeinde der Zeugen Jehovas, die als religiöse Organisation in der DDR verfolgt wurde. Gestohlen wurden dabei vor allem Karteikarten mit Namen von Personen, die in der DDR lebten. Die Täter hätten genaue Kenntnisse gehabt und seien sehr zielsicher vorgegangen. Der Einbruch war kein Zufall – Kurras selbst hatte kurz zuvor über eine Veranstaltung der Organisation berichtet, in der massiv gegen die DDR gehetzt worden sei. Redlin hatte den Bericht an andere Abteilungen weiter gegeben und fragte an, was in dieser Sache veranlasst sei.[23]

Zu »Otto Bohls« bevorzugten Themen gehörten auch andere Spione – und zwar sowohl die »Kollegen«, also GMs des MfS, die in Gefahr gerieten oder bereits enttarnt und verhaftet waren, als auch die Spione und Fluchthelfer der westlichen Geheimdienste. Hier flossen die Informationen allerdings spärlicher, wenngleich er einige ans Messer lieferte. Wie viele seiner »Kollegen« Kurras durch eine rechtzeitige Warnung vor ihrer Verhaftung retten konnte, lässt sich den Akten nicht exakt entnehmen. Mit einer groben Schätzung von etwas mehr als 20 wird man aber wohl nicht falsch liegen. Die ersten Warnungen an bedrohte GMs konnte er schon seit April 1956 als Angehöriger der Schutzpolizei nach Ost-Berlin melden. Erheblich besseren Zugang zu solcherart Informationen hatte er natürlich nach seinem Wechsel in die zuständige Abteilung I. Schon wenige Wochen, nachdem er dort den Dienst angetreten hatte, konnte er in einem Bericht gleich zwei als Spitzel Verdächtige – einen Polizeibeamten und einen Architekten – warnen.[24] Einige weitere Wochen später, im März 1965, vermeldete er mehrere Verdächtige, die von der Abteilung I und dem Verfassungsschutz observiert wurden. Es herrsche in der Abteilung I deshalb eine große Unsicherheit.[25] Zudem konnte er über das MfS einen Spion warnen, der an einer sehr interessanten Stelle saß: im Polizeipräsidium, im Umfeld des Polizeipräsidenten. Auch der Bericht über die Absetzung des Leiters des 1. Kriminalkommissariats der Kripo-Inspektion war eine Warnung, denn der Schritt war erfolgt, weil er nicht »dicht« gewesen sein soll – ein deutlicher Hinweis darauf, dass eine Tätigkeit für den SSD (Staatssicherheitsdienst, wie das MfS im Westen genannt wurde) vermutet wurde.[26] Auch gegen einen Kriminalmeister wurde ermittelt, seine Unterlagen lagen beim Kammergericht, von dem ein Durchsuchungsbeschluss erbeten worden war. Im Frühjahr gerieten gleich mehrere Beamte in den Verdacht landesverräterischer Beziehungen. Einige wurden verhaftet, gegen andere wurde weiter ermittelt. Sie arbeiteten allesamt tatsächlich für das MfS, und zwar für die Abteilung XII, wie Eiserbeck feststellen musste.

Ermittlungen gegen einen Polizeiobermeister aus dem Kommando der Schutzpolizei, der im März und April 1966 zwei Wochen in Untersuchungshaft gesessen hatte, wurden aus Mangel an Beweisen eingestellt. Kurras übermittelte Eiserbeck den gesamten 15seitigen Schlussbericht.[27] Der wird ihn zwar verärgert und besorgt, aber auch nicht ohne Schadenfreude gelesen haben. Denn der Mann war unter dem Tarnnamen »Waldemar« tatsächlich im Dienste des MfS unterwegs – und er konnte sogar als erfolgreicher und wichtiger Agent bezeichnet werden. Anhand dieses Falles kann man gut sehen, wie die Spionageabwehr einem Agenten zwar auf die Spur kam – ihn aber nicht enttarnen konnte. »Waldemar« war zunächst von 1948 bis 1951 für die Partei in West-Berlin eingesetzt, dann allerdings aufgeflogen und auch aus der SED ausgeschlossen worden, weil »sein ideologisches Niveau nicht den Anforderungen eines Parteimitglieds entsprach«. Einige Jahre später wurde er aber vom MfS wieder angeworben – nun arbeitete er in der Kommandozentrale der Schutzpolizei und in der Verkehrsstaffel Süd, die unter anderem den gesamten Fahrdienst für die Spitzen der Schupo stellte. Seine Frau arbeitete seit 1961 als Geheime Informantin (GI) »Lore« ebenfalls für das MfS – wie es oft bei solchen Agentenpaaren war als Kurierin.

Den Kontakt hatte einige Zeit niemand anderes als »Lotte Schwarz« gehalten. Kein Wunder also, dass Eiserbeck »Waldemars« großen Wert betonte, der immerhin auch mit 200 DM im Monat belohnt wurde. Ein Teil der umfangreichen Informationen, die »Waldemar« geliefert hatte, wurden auch für den »Demokratischen Polizeibeamten« verwertet, und zwar in einem solchen Maße, dass bei Recherchen auf jeden Fall klar werden musste, dass es bei der Verkehrsstaffel Süd einen Spion gab, wie Eiserbeck nicht ohne Selbstkritik anmerkte. Auch aus einem anderen Grund konnte »Waldemar« sich verdächtig machen. Er hatte sich laut Auftrag des MfS 1962 ein Gartengrundstück gekauft, und zwar direkt am Grenzstreifen im Gebiet von Klein-Machnow. Dort hatte er nach einer Warnung durch »Lotte Schwarz« seine Ausrüstung – eine Minox-Kamera und Codematerial für den geheimen Schriftverkehr – gerade noch rechtzeitig vor einer Durchsuchung vergraben können. Die Warnung wiederum war ihm rechtzeitig mitgeteilt worden, weil Kurras das MfS informiert hatte. »Waldemar« sollte zunächst für sechs bis acht Monate abgeschaltet werden und sich ruhig verhalten. Die 200 DM pro Monat wurden ihm weitergezahlt.[28] Ob er später wieder eingesetzt wurde, geht aus der Kurras-Akte nicht hervor, zweifellos aber wird es weiteres Material in der Stasiunterlagenbehörde über ihn geben. Dies ist der einzige Fall, der ausführlich in der Kurras-Akte wiedergegeben wird, aber es ist wahrscheinlich, dass das MfS auch nach anderen Hinweisen von »Otto Bohl« ähnlich handelte. Sie wurden jedenfalls als so wertvoll eingeschätzt, dass das gesamte GM-Netz nach Ansatzpunkten überprüft wurde, die bei einer Überprüfung durch die Abteilung I eine Rolle spielen könnten.[29]

Auch in zwei prominenten Fällen sprach Kurras Warnungen aus. Mitte 1965 hatte das MfS einen dicken Fisch an der Angel. Es handelte sich um einen bislang nicht enttarnten Politiker, der vermutlich aus West-Berlin kam. Wie »Otto Bohl« im Juni erfuhr, werde der Mann »intensiv bearbeitet, um ihn anzuwerben«. Dazu solle auch Zwang angewandt und Druck ausgeübt werden. Das MfS hatte anscheinend etwas gegen diesen Politiker, dessen Name in der Akte natürlich geschwärzt ist, in der Hand. Er spielte zweifellos im West-Berliner Politikbetrieb eine bedeutende Rolle, galt als guter Fachmann und Politiker, sei aber in Wirklichkeit faul, wusste Kurras zu berichten.[30] Der Bericht durfte laut Eiserbeck nur »äußerst konspirativ« ausgewertet werden. Kurras hatte »Lotte Schwarz« gebeten, diese Informationen mündlich weiterzugeben. Eiserbeck ließ ihm wenige Tage später über die Kurierin mitteilen, dass von diesen Informationen »nur der dir bekannte Personenkreis und der unmittelbare Vorgesetzte« Kenntnis hatten. Ausdrücklich bedankte er sich im Namen der Leitung für den Bericht.[31] Diese Reaktion macht deutlich, dass an der Sache etwas dran war. Ob der Kontakt nach dieser vorzeitigen Enttarnung aufgegeben wurde, muss vorerst dahingestellt bleiben.

Ein Jahr zuvor war ein Schriftsteller ins Visier der Kripo geraten. Der Mann war gebürtiger Berliner, lebte im Bezirk Steglitz und war mit einer in Moskau geborenen Frau verheiratet. Er habe auffallend viele Tonbandgeräte in seiner Wohnung stehen gehabt, berichtete »Otto Bohl«, nachdem er dem Mann gemeinsam mit einem Kollegen einen dienstlichen Besuch abgestattet hatte. Als Grund für diesen Besuch gab er lediglich »eine Ermittlungssache« an. Sollte der Mann irgend etwas mit dem MfS zu tun gehabt haben, war er jedenfalls gewarnt. In vielen anderen Fällen konnte Kurras jedoch nicht mehr rechtzeitig eingreifen und nur noch die Verhaftung von aufgeflogenen GMs melden. Im Winter 1960 musste er innerhalb von zwei Wochen über die Verhaftung von 15 Polizisten berichten.[32] Manchmal schlug Ost-Berlin auch öffentlichkeitswirksam zurück. So konnte Walter Ulbricht wenige Monate später mitteilen, dass das MfS vom März bis Juni 19 westdeutsche Spione – oder was man dafür ausgab – enttarnt hatte. Andere Fälle waren beispielsweise im März 1963 ein Agenten-Ehepaar (bei dem es sich tatsächlich um GMs handelte, was »Lotte Schwarz« aber vor Kurras geheim halten sollte)[33] und ein 42-jähriger Kommissar des Landeskriminalamtes, der bei seiner Festnahme ein SED-Parteibuch bei sich trug.[34]

Ärgerlich war für das MfS der Fall des Überläufers Woithe. Er konnte dem Verfassungsschutz viele interessante Details aus der Arbeit des MfS berichten, obwohl er bei seiner Übersiedlung in die Bundesrepublik bereits seit sieben Jahren nicht mehr für die »Firma« tätig gewesen war. Auch einige andere Überläufer konnte Kurras melden, ohne jedoch Details anzugeben. Aus einem anderen Grund war die Enttarnung des GM Erich Waack interessant. Bei seiner Verhaftung wurden bei ihm Fotos von der Hochzeit eines US-Soldaten und aus Berliner Industriebetrieben gefunden. Waack war tatsächlich hauptberuflicher Fotograf, der sich auch häufig unbekleidete Damen als Objekt nahm. Er geriet aber in den Verdacht, sich mit den anderen Aufnahmen sein Gehalt aufzubessern, indem er sie für das MfS machte. Er hatte sich selbst in der Untersuchungshaft einem Mithäftling gegenüber offenbart, und der hatte die Sache anschließend bei der Polizei gemeldet. Waack stritt allerdings in der anschließenden Vernehmung alles ab, aber wie aus einem Vermerk Eiserbecks hervorgeht, war er tatsächlich GM. Das Merkwürdige an dem Fall ist, dass eine größere Zahl der Fotos nach seiner Verhaftung verschwanden – und auch nicht wieder auftauchten. Zugriff hatten außer dem Gefängnis-Hausmeister nur Polizeibeamte, was darauf hindeutet, dass einer von ihnen verräterische Fotos beiseite geschafft haben könnte. Geklärt wurde die Angelegenheit nicht.[35]

Hinweise geben konnte Kurras auch auf westliche Spione in Ost-Berlin. Das war für diese sehr gefährlich, weil das MfS direkten Zugriff auf sie hatte. Seine Erfolge hielten sich allerdings in Grenzen. Erfolgreicher war er dagegen bei Fluchthelfern, die entweder von Westen aus DDR-Bürgern zur Flucht verhalfen oder sich in Ost-Berlin betätigten. Bei der ersten Gruppe handelte es sich um Personen, die gefälschte Papiere (bevorzugt in Skandinavien) besorgten, die dann die »legale« Ausreise über Staaten des Ostblocks ermöglichten. Teilweise wurden diese Vorgänge vom Landesverfassungsschutz gesteuert. Hinweise auf derartige Tätigkeiten konnte er auch für in der DDR Verurteilte nachträglich geben.[36] Selbst im Rathaus Schöneberg, dem Sitz des Senats, sollte ein aktiver Fluchthelfer sitzen, den »Otto Bohl« allerdings nicht identifizieren konnte. Aber am 4. Mai 1965 lieferte er beispielsweise den Namen eines DDR-Bürgers (vermutlich aus Halle), der ein Auto umgebaut hatte, mit dem ein Flüchtling die DDR verlassen hatte.[37] Auch auf einen V-Mann der »Stummpolizei«, also vermutlich der Abteilung I, konnte er hinweisen. Der Mann war eigentlich Besitzer einer Autolackiererei und hatte der Polizei einen Mercedes abgekauft, in dem die Funkanlage belassen worden war. Schließlich traf es auch DDR-Bürger. So berichtete Kurras zum Beispiel über zwei Männer, die sich als Fluchthelfer betätigt hatten, und von einem weiteren, der ursprünglich mit seinem besten Freund hatte fliehen wollen. Während der Freund seinen Plan in die Tat umgesetzt hatte, blieb der andere schließlich zurück, weil er seine Familie nicht im Stich lassen wollte. Anstatt in den Westen dürfte er nach dem Kurras-Bericht, in dem sein Name stand, ins Gefängnis gewandert sein.[38]

Auch Doppelagenten deckte Kurras auf. Am 22. Juni 1965 schickte er eine Eilmeldung mit nur zwei Sätzen nach Ost-Berlin. Im ersten ging es um einen DDR-Bürger aus Berlin-Weißensee, der sich als »Denunziant« für den West-Berliner Verfassungsschutz betätigte. Der zweite Satz lautete: »Erschossener vom Teltowkanal war V-Mann beim LfV«.[39] Worum ging es bei dieser Meldung? Am Teltowkanal, in der Nähe der Grenzübergangsstelle Dreilinden, war es eine Woche zuvor zu einem tragischen Ereignis gekommen. Der 43-jährige Hermann Doebler und seine Begleitung Elke M. waren mit einem kleinen Motorboot über die Grenze zwischen West- und Ost-Berlin gefahren, die in der Mitte des Kanals verlief. Doebler steuerte direkt auf das Ufer auf Ost-Berliner Seite zu. Als er etwa 60 Meter auf ostdeutschem Territorium war, gaben die Grenzposten vom nahegelegenen Wachturm Warnschüsse in die Luft ab. Als Doebler darauf nicht reagierte, schossen sie laut Untersuchungsbericht des MfS 22 Mal gezielt auf die Insassen des Bootes (die West-Berliner Behörden sprachen von rund 30 Schüssen). Beide brachen getroffen zusammen – Elke M. schwer verwundet durch einen Kopfschuss, Hermann Doebler tödlich getroffen durch mehrere Schüsse, darunter ebenfalls ein Kopfschuss. Das Boot trieb anschließend langsam zurück zum West-Berliner Ufer, wo es – laut Bericht des Polizeipräsidenten von Anglern, laut

MfS-Bericht von Angehörigen des nahegelegenen US-Kontrollpunktes Kohlhasenbrück – geborgen wurde. Die Empörung in West-Berlin war groß. In einer Radioansprache gab der Regierende Bürgermeister Willy Brandt zweifellos der Meinung der meisten Menschen eine Stimme, als er sagte: »Es kann wohl kein Zweifel daran bestehen, dass die beiden West-Berliner keine Aggression gegen den DDR-Staat wollten.« Es habe sich um zwei erholungssuchende Menschen gehandelt, die aus Versehen in Zonengewässer geraten seien. Daher handele es sich um einen »kaltblütigen Mord« und eine »ungeheure Provokation«. Mit dem letzten hatte der SPD-Politiker zweifellos recht. Doch so harmlos, wie er Doebler darstellte, war dieser nicht – er war, wie Kurras eine Woche später meldete, V-Mann beim Berliner Verfassungsschutz. Unklar bleibt allerdings, ob es sich bei seiner Fahrt auf Ost-Berliner Gebiet um eine »dienstliche« Tätigkeit handelte oder ob er tatsächlich zur Erholung mit dem Boot auf dem Kanal fuhr.[40] Die Sache war offenbar eine Nummer zu groß für Eiserbeck. Es wurde entschieden, dass sie zentral ausgewertet werden sollte.[41]

In der Zeit nach dem Mauerbau bekam Kurras auch immer wieder Hinweise auf Fluchttunnel, die von West nach Ost gegraben wurden. Er konnte auch Warnungen vor bewaffneten Tunnelgräbern aussprechen. Mit den Männern, die sich durch die Erde gruben, um ihre Frauen, Kinder, Verwandte und Freunde nach West-Berlin zu holen, kannte er kein Pardon. Als am Abend des 27. März 1962 der 28-jährige Fluchthelfer Heinz Jercha, der seine Frau und sein Kind in den Westen holen wollte, bei der Enttarnung eines Tunnels in der Heidelberger Straße an der Sektorengrenze zwischen Neukölln und Treptow erschossen wurde, bedauert Kurras diesen Vorfall zwar ausdrücklich. Nicht jedoch aus humanitären Gründen, sondern weil er sich gewünscht hätte, dass Jercha, der selbst 1959 aus Ost-Berlin gekommen war, »seine

Strafe bekommen hätte«. Um den Tod Jerchas', der als erster Fluchthelfer sein Leben verloren hatte, entbrannte eine regelrechte Propagandaschlacht zwischen West und Ost. Die »Bild«-Zeitung klagte, Jercha habe sein Leben gelassen, weil er »als Deutscher Deutschen zur Flucht verhalf«. Die »BZ« schrieb: »Er starb im Dienst der Menschheit. Er starb für uns alle.« Demgegenüber gab das SED-Bezirksblatt »Berliner Zeitung« die Behauptung der DDR-Propaganda wieder, Jercha sei nach einem Streit von einem anderen Fluchthelfer erschossen worden: »Auf alle Fälle dürfte der tote ›Held‹ dieser Story von seinen eigenen Leuten umgelegt worden sein, was ja in der blutigen Geschichte der deutschen und ausländischen Ultras, Nazis und Faschisten nicht zum ersten Mal geschehen wäre.« Im selben Bericht wie dem über Jercha bedauerte Kurras übrigens auch, dass kurz zuvor ein kleiner Teil der Mauer eingestürzt war und die West-Berliner Polizei die Platten weggeschafft hatte.[42]

Offenbar immun gegen weibliche Reize zeigte sich Kurras bei der Enttarnung der 26-jährigen Doris Ackermann, die zugleich für Markus Wolfs Hauptverwaltung Aufklärung (HV A) beim MfS und den Berliner Verfassungsschutz gearbeitet hatte. Schon als 21-Jährige hatte sie nicht nur ihre Bar, sondern auch ihre verschiedenen Betten in Berlin, Koblenz, Düsseldorf und München dafür genutzt, um westdeutschen Polizisten oder Verfassungsschützern ihre Geheimnisse zu entlocken. Die Bar in der Eisenacher Straße im Bezirk Schöneberg hatte ihr offenbar die HV A finanziert. Zu den Polizeibeamten, die der dunkelhaarigen Schönheit nahe gekommen waren, gehörten zwei Kriminalobermeister von der Fahndungsstreife der Kripo und ein Funktionär der Gewerkschaft der Polizei (GdP). Auf der anderen Seite sollte sie nach dem Bericht vom 28. Februar 1967, der von Eiserbeck zweifellos mit großem Interesse gelesen wurde, im Auftrag des Verfassungsschutzes ihre Führungsleute von der HV A unter Druck setzen, weil diese nach West-Berliner Erkenntnis nicht nur dienstliche, sondern auch »freundschaftliche« Beziehungen mit ihr pflegten. Als Grund für ihre doppelseitigen Dienste gab die junge Frau massive finanzielle Probleme an, nachdem sie bereits zwei Mal verheiratet und wieder geschieden war.[43]

Schließlich gab es noch den komplizierten Fall des Doppelagenten Bernd Ohnesorge, ebenfalls aus dem Jahr 1967. Ohnesorge saß seit November des Vorjahres in Untersuchungshaft, nachdem die Abteilung I ihm als wahrscheinlichem Doppelagenten auf die Schliche gekommen war. Kurras war der zuständige Sachbearbeiter. Durch seine Berichte sorgte er zunächst dafür, dass die 20-jährige Schwester Ohnesorges, die sich gerade in Ost-Berlin aufhielt, verhaftet und zu zweieinhalb Jahren Haft wegen »Staatsverleumdung« der DDR verurteilt wurde. Ihr zwei Jahre älterer Bruder wurde augenscheinlich wieder aus der Haft entlassen.

Doch Kurras' Berichte, in denen er sich abfällig über die Familie Ohnesorge äußerte, die in bedrückenden finanziellen Verhältnissen im norddeutschen Raum lebte, hatte schlimme Folgen für Bernd – wenn auch erst Jahrzehnte später. Ohnesorge hatte sein Leben nie in den Griff bekommen. Er war, obgleich ausgebildeter Tierpräparator, zeitweilig von der Sozialhilfe abhängig. 1966 wollte er in die DDR übersiedeln und hoffte dort auf ein besseres Leben. Als die Sache dem MfS zu Ohren kam, machte man ihm das Angebot, für die Stasi im Westen zu spitzeln – und Ohnesorge nahm an. Doch er machte seine Aufgabe in den Augen des MfS so schlecht, dass er alsbald wieder abgeschaltet wurde. In der Zwischenzeit hatte er sich dem britischen Geheimdienst offenbart und eine Tätigkeit als Doppelagent angeboten. Den Engländern war die Sache allerdings nicht geheuer – sie berichteten der Abteilung I davon und die nahm ihn schließlich fest. Nach seiner Haftentlassung ging es mit seinem Leben weiter bergab. Schließlich, in arger finanzieller Not, erinnerte er sich, dass man mit Spitzeldiensten gutes Geld verdienen kann, und bewarb sich bei der CIA. Die Amerikaner nahmen das Angebot an und schickten ihn für einen Auftrag im Februar 1984 nach Bulgarien. Da er diesen gut erledigt hatte, wurde er zwei Monate später erneut nach Sofia gesandt. Doch diesmal flog er auf. Der bulgarische Geheimdienst verhaftete ihn, er wurde in einem Geheimprozess zu 15 Jahren Haft verurteilt. Seine Hoffnung, die Amerikaner oder die Westdeutschen würden ihn rausholen, trog. Mental offenbar völlig am Ende, übergoss er sich im Dezember 1987 mit Reinigungsmittel und zündete sich an. Zwei Tage später verstarb er. Die Leiche wurde heimlich nach Deutschland gebracht und auf einem Friedhof in Lüneburg, wo er zuletzt gewohnt hatte, beerdigt. Bekannt wurde die Sache erst durch den Politikwissenschaftler Stefan Appelius, der 2005 zufällig auf Unterlagen zu dem Fall gestoßen war und weiter recherchiert hatte.

Doch was hatte Karl-Heinz-Kurras, der zwei Wochen vor Ohnesorges Selbstmord in Pension gegangen war, mit der Angelegenheit zu tun? Er hatte den Bulgaren den entscheidenden Hinweis gegeben, um wen es sich bei Ohnesorge handelte. Nachdem sie ihn verhaftet hatte, fragten sie nämlich beim MfS nach, ob dort Erkenntnisse über ihn vorlägen. Ihnen konnte geholfen werden – mit den Berichten, die Kurras 17 Jahre zuvor nach Ost-Berlin geschickt hatte. Man kann ihn somit zweifellos für das Schicksal Ohnesorgs mitverantwortlich machen.[44]

# »Wer sind Sie, Dr. Sorge?«

## Die Abteilung I

Erste Einblicke in die Arbeit der Abteilung I hatte Karl-Heinz Kurras schon 1957 als Angehöriger der Schutzpolizei gewonnen. Damals konnte er einen Bericht über Entführungen und Verhaftungen von Westdeutschen in der DDR weitergeben, die aber aus MfS-Sicht offenbar allesamt erfolglos ausgegangen waren.[1] Ansonsten kam er während dieser Zeit kaum mit dem Staatsschutz in Berührung. Das änderte sich nach seiner Versetzung zur Kriminalpolizei insofern, als dass er nun häufiger Informationen über mögliche oder aufgeflogene Spione erhielt und sie nach Ost-Berlin weiterreichen konnte. Wie bereits geschildert war für das MfS die Versetzung von Kurras in die Abteilung I das oberste Ziel gewesen. Es ist nicht klar, ob sie dort bereits über andere GMs verfügte. In der Kurras-Akte gibt es immerhin einige indirekte Hinweise darauf, dass Informationen aus der Abteilung I beim MfS gelandet waren.[2] Und auch die West-Berliner Polizeiführung war misstrauisch und glaubte, dass das MfS dort bereits im Jahr 1956 einen Mann eingeschleust hätte.

Kurz vor Weihnachten 1962 verdichtete sich in den Reihen der Polizei das Gerücht, dass die Abteilung I um 100 Mann aufgestockt werden solle, weil dort angeblich viele unzuverlässige Leute arbeiteten und es undichte Stellen gebe. Diese sollten, solange sie nur verdächtigt, aber nicht überführt waren, in andere Abteilungen versetzt werden, wo sie weniger Schaden anrichten konnten.[3] Im Gegenzug musste jede Kripo-Stelle ein bis zwei Beamte an die Abteilung I abgeben.

Von Kurras' eigener Inspektion Tiergarten war bereits ein Kriminalobermeister geschickt worden. Ein Kriminalhauptkommissar, der früher schon beim Staatsschutz gearbeitet hatte, wurde dagegen nicht entsandt, da – so Kurras – gegen ihn Ermittlungen in Gang seien. Diese Mitteilung konnte, über den Umweg Ost-Berlin, ein Hinweis für den Mann sein, sehr vorsichtig zu sein.

Kurras wurde der 1. Kriminalinspektion der Abteilung I zugeteilt. Sein Aufgabenbereich umfasste drei Punkte: Mitarbeit bei der Absicherung der West-Berliner Polizei gegen Spionage, die Betreuung des Lagers, in dem beschlagnahmte Gegenstände des MfS aufbewahrt wurden, und die Auswertung und Erfassung aller Hinweise aus dem einseitigen Funkverkehr, dem sogenannten A-3-Verkehr.[4] Ob er bei der letztgenannten Aufgabe auch auf die für ihn selbst bestimmten Funksprüche stieß, ist den Akten nicht zu entnehmen. Der Funkverkehr wurde 1965 ohnehin aus Sicherheitsgründen für mehr als ein Jahr ausgesetzt. Aus seinem neuen Aufgabenbereich bei der West-Berliner Polizei ergab sich auch die neue Aufgabenstellung für das MfS. Diese wurde wie folgt festgelegt: Erstens sollte er Hinweise über Festnahmen von GMs liefern, zweitens Aussagen von desertierten MfS-Angehörigen weiterleiten, drittens Berichte über das Verhalten von festgenommenen GMs schreiben und viertens Informationen über die Struktur und personelle Besetzung seiner neuen Dienststelle liefern.[5]

Was es bedeuten könnte, für die Abteilung I und dort ausgerechnet für die 1. Inspektion zu arbeiten, hatte Kurras sich offenbar vorher nicht wirklich klar gemacht. Erst allmählich ging ihm auf, dass er ja nun andere GMs überführen und verhaften musste, die wie er ihre Freiheit riskierten, um »dem Friedenslager« zu dienen. Dagegen hatte er aber nach fast zehn Jahren im Dienste der Stasi Bedenken. Seine Kurierin Charlotte Müller dürfte durchaus überrascht gewesen sein, als er ihr das beichtete. Sie forderte ihn auf, seine Arbeit ordnungsgemäß durchzuführen – auch, wenn er DDR-Spione verhaften müsse. Auch Kurras' Führungsoffizier hielt ihn gerade in den ersten Monaten dazu an, alles dafür zu tun, das Vertrauen seiner Vorgesetzten und Kollegen zu erlangen; dafür musste er eben andere auffliegen lassen, so war die Logik des MfS. Er solle in erster Linie seine Arbeit gut erledigen und nicht so viele Berichte schreiben. Eiserbeck hatte Zeit – er wusste, dass Kurras nun wie eine Made im Speck saß und umso erfolgreicher sein würde, je größer sein Ansehen und das in ihn gesteckte Vertrauen von Seiten seiner Chefs waren. Da kam es auf ein paar Monate nicht an.

»Lotte Schwarz« konnte Kurras schließlich offenbar mit Verweis auf einen berühmten Vorgänger zumindest ein wenig die Bedenken austreiben. Sie erinnerte ihn an Richard Sorge, den deutschen Topspion, der Moskau zahlreiche Informationen über Hitlers Politik verschafft hatte.[6] Auch er habe oft gegen seine innere Überzeugung handeln müssen, um an wichtige Informationen zu kommen. Ihr selbst war kurz zuvor genau dieses Beispiel für ihre eigene Tätigkeit vor Augen gehalten worden. Sie konnte nun zeigen, dass sie als überzeugte Kommunistin auch wirklich verinnerlicht hatte, was ihre Vorgesetzten ihr eintrichterten. Und so konnte sie berichten: »Der Treff hat Bohl etwas Sicherheit gegeben. Er war sehr zufrieden damit.«[7]

Eiserbeck belobigte sie ausdrücklich für ihre Reaktion und regte einen Monat später bei einem Vorbereitungstreffen an, »Lotte Schwarz« solle mit »Bohl« über den Film »Wer sind Sie, Dr. Sorge?«[8] sprechen. Weiter sollten sie darüber reden, wie Sorge sich abgedeckt und welche Legenden er benutzt hatte. Die Aufgabe war klar: »Der GHI [Geheime Hauptinformant] muss den GM beeinflussen, dass er versteht, welche Bedeutung es hat, das Vertrauen der Vorgesetzten zu gewinnen.«[9]

Das Problem erledigte sich alsbald von selbst, denn »Otto Bohl« machte mit dem gleichen Eifer Jagd auf seine Gesinnungsgenossen, wie er auch seine anderen Aufgaben bei der Polizei erfüllte. Er lieferte, was das MfS sich vom ihm erhofft hatte, und zwar in Hülle und Fülle. Schon Ende Januar 1965, nicht einmal einen Monat nach seinem Dienstantritt, schickte er einen Bericht über die Arbeitsweise der Abteilung I,[10] den er vier Wochen später noch ergänzte.[11] Demnach hatte sie zwei Inspektionen, die jeweils einem eigenen Leiter unterstanden. Leiter der Abteilung war Regierungsdirektor Kriemel,[12] die Inspektion 1, in der Kurras selbst arbeitete, wurde von Kriminalhauptkommissar Geisler geleitet, der in Kurras' Augen ein »höriger Sozialdemokrat« war.[13] Inspektion 2 hatte zu diesem Zeitpunkt keinen Chef, da ihr ehemaliger Leiter versetzt worden war. Er solle nicht ganz »dicht« gewesen sein – ein Hinweis auf eine vermutete MfS-Tätigkeit.[14] Das 2. Kommissariat der 1. Inspektion, das aus sieben Kriminalbeamten und einer Sekretärin bestand, wurde von Kriminaloberkommissar Wardetzki geführt, der damit Kurras' unmittelbarer Vorgesetzter war.[15]

»Bohl« nannte noch weitere Namen, darunter auch alle Kollegen, die mit der Überwachung der Polizei beschäftigt waren. Dies sei die »intimste Stelle bei der Eins«.[16] Selbst Kollegen aus anderen Kommissariaten fürchteten diese Stelle. Sie genoss laut Kurras' Bericht die allergrößte Unterstützung durch den Polizeipräsidenten. Für die Arbeit der Abteilung I gebe es keinerlei schriftliche Arbeitsrichtlinien, notierte sich Eiserbeck aus »Bohls« Berichten. V-Leute habe sie – anders als der Landesverfassungsschutz – nicht. Zu diesem stehe die Abteilung I in einem dauerhaften, von Intrigen geprägten Konkurrenzverhältnis. Es werde kein ehrliches Spiel gespielt, weder von der einen, noch von der anderen Seite. Die eigene Führung sei fest davon überzeugt, dass der Verfassungsschutz eigene Leute in der Abteilung I installiert habe, um dort undichte Stellen zu finden. Täglich hole ein Vertreter des Landesamtes für Verfassungsschutzes zwei Durchschläge der Berichte der Abteilung I ab und liefere einen davon weiter an das Bundesamt. Das gleiche gelte auch für Vertreter der Abwehrorganisationen der West-Alliierten. Sie kämen bei der Abteilung I vorbei und informierten sich über wichtige Ereignisse. Klar, dass Eiserbeck begeistert von solcherart Informationen war. Jetzt sprudelte die Quelle, die das MfS seit Jahren gepflegt hatte, endlich richtig.

Auch andere wurden offenbar auf Kurras aufmerksam. Bei einem Besuch in der Dienststelle in der Clay-Allee nahm ihn der Chef des Berliner Verfassungsschutzes vertraulich zur Seite und schlug ihm vor, zu seiner Behörde zu wechseln. Hier hätte er bessere Aufstiegschancen und auch bessere Möglichkeiten gegen die DDR zu arbeiten, weil er als Zivilist dort einreisen dürfe (was ihm als Angehöriger der Kriminalpolizei untersagt war). Doch Kurras lehnte ab. Ihm gefalle es bei seinem neuen Chef gut, so seine Begründung. Ihm war längst bekannt, dass das MfS beim Verfassungsschutz schon Leute installiert hatte, so dass sein Wert auf seinem jetzigen Posten viel größer war. Ohnedies hatte er vom Verfassungsschutz keine gute Meinung: Das seien »Gangster«, die sehr misstrauisch seien.[17]

Über die Arbeitsatmosphäre in seiner Dienststelle äußerte er sich nach zwei Jahren sehr kritisch. Sie sei nicht gut, und das wirke sich negativ auf die Arbeitsfreude der Kollegen aus. Man sei äußerst misstrauisch untereinander, zudem sei die Abteilung in zwei Lager gespalten, die sich um zwei der leitenden Kollegen scharen, die untereinander spinnefeind seien. Beide hätten jeweils ihre Spitzel in der Anhängerschaft des anderen sitzen. Auch die Koordination funktioniere aus Konkurrenzgründen überhaupt nicht. Es sei schon vorgekommen, dass eine zu überwachende Person von vier verschiedenen Gruppen observiert worden sei, wobei dann auch der Verfassungsschutz mitgemischt habe.[18] Arbeit machten den Leuten der Kriminalpolizei übrigens auch die Kollegen vom Bundesnachrichtendienst (BND). Der hieß bei ihnen »Büro Kummer« – weil BND-Leute immer mal wieder zu weit gingen und Gesetze überschritten. Wurden sie dabei ertappt, wurden sie von der Polizei an die Abteilung I überstellt und gewissermaßen ausgelöst. Für sie waren eigens Ausweise hinterlegt, die sie als BND-Mitarbeiter identifizierten.[19]

Die Versetzung zur Abteilung I lohnte sich für Kurras auch finanziell. Sein monatliches MfS-Gehalt, das anfangs 50 und zuletzt 200 DM betragen hatte, wurde im Juni 1965 auf 500 DM hochgesetzt. Grob geschätzt dürfte das knapp die Hälfte dessen gewesen sein, was er als Polizeibeamter verdiente. Das MfS zahlte zwar später in den 1980er Jahre ungleich höhere Summen an Spione, aber dabei handelte es sich dann um solche, die in westdeutschen oder amerikanischen Unternehmen Industriespionage betrieben, dies aus rein finanziellen Interessen taten und der DDR große Entwicklungskosten sparten.[20] Für die Zeit von Kurras Tätigkeit waren die insgesamt 20 000 DM (plus einiger Sonderzahlungen) ein nettes Sümmchen.

# »Rabauken in Uniform«

## Der Spion und sein Umfeld

Der Mann auf dem Podium wurde gnadenlos ausgepfiffen, ausgebuht und während seiner Rede immer wieder durch laute Zwischenrufe unterbrochen. Er selbst erregte sich und geriet geradezu in »Raserei«. Die Zuhörer, die am 8. April 1964 ihrem Unmut freien Lauf ließen, waren Angehörige der Berliner Polizei. Sie waren in die Sporthalle in Schöneberg-Nord gekommen, um den alljährlichen Rechenschaftsbericht des Gesamtpersonalrates der West-Berliner Polizei entgegenzunehmen. Doch an diesem Tag stand nicht ein trockener Bericht, sondern der schwitzende Mann auf dem Podium im Mittelpunkt: Heinrich Albertz, als Senator für Sicherheit und Ordnung oberster Dienstherr der Polizei. Dass es lautstarke Missstimmigkeiten gab, konnte auch das Musikkorps der Polizei, das zu Beginn und zum Ende der knapp zweistündigen Veranstaltung munter aufspielte, nicht verdecken. Es gab zahlreiche Probleme, die in dem Vorwurf gipfelten, dass der Senator kein geeigneter Interessenvertreter seiner Untergebenen sei. Aufgebrachte Redner beschimpften ihn als »Versager« und forderten ihn zum Rücktritt auf.

Karl-Heinz Kurras hatte sich von der hitzigen Atmosphäre anstecken lassen und schickte einen Tag später einen außergewöhnlich langen Bericht nach Ost-Berlin. Am liebsten hätte er ihn noch am selben Tag über die Materialschleuse im Bahnhof Friedrichstraße dem Genossen Eiserbeck zur Kenntnis gebracht. Doch das unterließ er aus Sicherheitsgründen – er vermutete, dass der Verfassungsschutz an die-

sem Tag besonders gründlich arbeiten würde, da die Polizeiführung davon ausging, Spitzel in ihren Reihen zu haben, die
eben von diesem Ereignis dem Gegner berichten wollten. Da
nutzte auch der Hinweis des Vorsitzenden des Gesamtpersonalrates nichts, dass es sich um eine interne Versammlung
handelte.[1]

An solchen Stimmungsberichten aus den Reihen des Gegners hatte das MfS immer größtes Interesse. Man konnte
daraus Rückschlüsse auf das Meinungsbild ziehen, bekam
möglicherweise Vorstellungen über die moralische Kampf-
kraft und blieb über die internen Probleme der anderen Seite informiert. Das Letztgenannte hatte den Vorteil, dass das
MfS dann gezielt solche Probleme aufgreifen und versuchen
konnte, die Diskussion darüber in seinem Sinne weiterzuent-
wickeln. Für diesen Fall hatte es sogar ein eigenes Organ entwickelt – die »Demokratische Polizei«. Dieses Mitteilungsblatt wurde herausgegeben von der MfS-Abteilung Agitation
und regelmäßig ein bis zweimal pro Monat an West-Berliner
Polizeibeamte verschickt. Das Blatt war eine geschickte Mi-
schung aus Wahrheit und Dichtung. Es gab sich als Sprach-
rohr der »demokratischen« Polizisten aus, die besorgt um
die Demokratie in Westdeutschland und West-Berlin, partei-
politisch aber nicht festgelegt seien. Es griff einerseits Probleme des Dienstalltags auf, andererseits aber auch politische
Fragen. Und es beschäftigte sich mit der Nazi-Vergangen-
heit so manches Polizeiführers. Der Aufforderung der Polizeiführung, jedes zugesandte Exemplar unverzüglich bei
ihrer Dienststelle abzugeben, kamen die allermeisten Beamten nicht nach – im Gegenteil, sie reichten es an ihre Kollegen weiter. Die Polizeiführung war immer wieder erstaunt
und besorgt darüber, wie gut die Redaktion über Interna der
West-Berliner Polizei informiert war.[2] 1960 ging die Berichterstattung zeitweilig drastisch zurück, nachdem kurz zuvor
etwa 15 MfS-Spitzel aufgeflogen waren, von denen offenbar

einige auch für den »Demokratischen Polizeibeamten« Berichte geliefert hatten. Sandte ein GM zu viele Berichte aus seiner Dienststelle, so lief er Gefahr, die Aufmerksamkeit der Überwacher zu wecken, weil sie sein vermutetes Betätigungsfeld auf diese Weise stark eingrenzen konnten.

Manchmal gingen die Polizeiführer auch von sich aus sarkastisch auf dieses MfS-Organ ein. Anlässlich der umstrittenen Aufstellung von Hundertschaften beispielsweise begann im Februar 1959 der stellvertretende Inspektionsleiter Charlottenburg, Wilhelm Graurock, seinen Vortrag mit den Worten: »Sie werden schon Kenntnis davon haben, aus dem bewussten ›Informationsblatt demokratischer Polizeibeamter‹, dass hier bei der Berliner Polizei RHS [Revierhundertschaften] aufgestellt werden.« Kurras, der zugegen war, berichtete diesen Satz genüsslich nach Ost-Berlin.[3] Schon im vorangegangenen Sommer hatte er einen eigenen Bericht zum Einfluss des »Demokratischen Polizeibeamten« verfasst. Damals hatte sich ein Kollege bei ihm beklagt, dass er die Zeitschrift nie bekomme und gefragt, wie er sie beziehen könne. Zwei Monate später berichtete er seinem Führungsoffizier Redlin bei einem Treff in Ost-Berlin: »Mit größter Spannung erwartet man die nächste Ausgabe. Es freuen sich alle Bezieher, Neuigkeiten zu entnehmen, die uns ansonsten nicht bekanntgegeben werden. Eine Ablieferung der Zeitschrift erfolgt nicht, im Gegenteil, man gibt sie untereinander weiter.«[4] Auch Kurras war für das Blatt aktiv – allerdings wohl, ohne sich dessen bewusst zu sein. Eiserbeck leitete nämlich mehrere seiner Berichte, darunter auch den über die Versammlung in der Sporthalle Schöneberg-Nord, an die Redaktion weiter. Insofern betätigte er sich auch als Einflussagent.

Das Blatt solle »uns innerlich spalten zwischen Ost und West«, schimpfte der Kommandeur der Schutzpolizei, Erich Duensing. Er hatte allen Grund dazu, denn er selbst war immer wieder Opfer der agitatorischen Artikel. Als bekannter

»Polizeihardliner« bot er vor allem, nachdem er von Willy Brandt zum Polizeipräsidenten ernannt worden war, viel Angriffsfläche. Auf noch mehr Interesse stieß allerdings seine Vergangenheit während der Zeit des Nationalsozialismus. Damals war er als Truppenführer und Generalstabsoffizier in der Ukraine eingesetzt, wo die Deutschen dermaßen brutal gegen die Zivilbevölkerung vorgingen, dass Stalin sich zu dem zynischen Bonmot verleiten ließ, er würde dem Reichskommissar Erich Koch am liebsten einen Orden dafür verleihen.[5] Das bot genügend Anlass für eine ganze Artikelserie. Die nationalsozialistische Vergangenheit West-Berliner Polizeibeamter war ohnedies ein bevorzugtes Thema des »Demokratischen Polizeibeamten«. Solcherart Erkenntnisse und Berichte konnten erstens in der Propagandaschlacht mit dem »faschistischen Klassenfeind« genutzt werden und brachten zweitens Unruhe in die West-Berliner Polizei, weil man hier empfindlicher auf solche Berichte reagierte als in der Bundesrepublik. Auch zwei von Kurras' Vorgesetzten waren betroffen. Es handelte sich um den Leiter des Einsatzkommandos Charlottenburg, Kurt Krummholz, und dessen Stellvertreter, Wilhelm Graurock, deren Vergangenheit bei der SS aufgeflogen war. Von Krummholz hieß es, er sei als SS-Sturmbannführer auch an Massenerschießungen beteiligt gewesen. Er wurde auf der Dienststelle verhaftet, kurze Zeit später aber wieder freigelassen und nach einer gewissen Zeit auch zum Dienst zurückbeordert.[6] Die DDR-Propaganda griff seinen Fall dankbar auf, zum Beispiel in dem Film »Der Augenzeuge« von 1960.[7]

Vieles von dem, was Kurras als Stimmungsberichte absetzte, klang so unglaubwürdig, dass selbst das MfS skeptisch wurde. So suggerierte er beispielsweise ein gewisses Verständnis seiner Kollegen für die Entführung des ehemaligen Generalinspekteurs der Volkspolizei, Robert Bialek, aus West-Berlin. Bialek, der eigentlich eine Traumkarriere in der DDR vor sich zu haben schien, hatte sich 1952 gegen das Unterdrückungssystem Ulbrichts aufgelehnt, war daraufhin seines Postens enthoben worden und mit seiner Familie nach West-Berlin geflohen. Er war der »ideale« Feind für die SED. Erst einer der ihren, gab er nun Interviews für den Nachrichtensender BBC und arbeitete unter Tarnnamen für das Ostbüro der SPD. Am 4. Februar 1956 betraten unter einem Vorwand zwei MfS-Angehörige seine Wohnung im Stadtteil Wilmersdorf, betäubten ihn mit K.O.-Tropfen und verschleppten ihn nach Ost-Berlin. Dort verlor sich seine Spur für Jahrzehnte, niemand wusste, was aus ihm geworden war. Erst neuere Forschungen haben ergeben, dass er höchstwahrscheinlich noch am Abend desselben Tages ins Stasi-Gefängnis Hohenschönhausen eingeliefert wurde – vermutlich bereits als toter Mann.[8] Schon vier Tage nach der Entführung hatte Kurras übrigens die Stasi über die ersten Ermittlungen der West-Berliner Polizei in Kenntnis gesetzt.[9] Er gab unter anderem die Personenbeschreibungen möglicher Täter weiter.

Den Kontakt zu seinen Kollegen schätzte Kurras auf jeder Dienststelle, in der er eingesetzt wurde, als gut ein. Er galt eher als Einzelgänger, der jedoch keine Probleme hatte, neue Kontakte zu knüpfen. Die Notwendigkeit dazu bestand, denn schließlich brauchte er Kontakte, um an möglichst viele Informationen heranzukommen. Das gelang ihm einerseits auf dem Schießstand, wo er auch einigen Vorgesetzten näher kam. Aber er verbrachte auch so manchen Abend biertrinkend mit seinen Kollegen in Kneipen. Anfangs spendierte er ihnen, wenn er an der Reihe war, Essen statt Alkohol. Doch mit den Jahren gewöhnte er sich an die Trinkgelage, die er gleichwohl in seinen Berichten immer wieder kritisch erwähnte. Vor allem seit seinem Einstieg in die Abteilung I musste er mitmachen, wenn er nicht rasch zum Außenseiter werden wollte – denn hier wurde gesoffen, was das Zeug hielt. Es gab regelmäßig etwa alle zwei Wochen Trinkgelage in wechselnden Lokalitäten, die von Dienstschluss bis weit nach Mitternacht dauerten. Eiserbeck war hin- und hergerissen. Einerseits boten solche Treffen in lockerer Atmosphäre die Möglichkeit, an interessante Informationen zu kommen. Andererseits war die Gefahr groß, dass ein GM sich selbst dabei verplapperte. Als offenbar eher vorsichtiger Mann riet Eiserbeck daher zur Zurückhaltung und hielt in seinem typischen, trockenen Berichtsdeutsch, nach einem Treff mit Kurras fest: »Dem GM wurde die Gefährlichkeit des Alkohols aufgezeigt.« Wie ein Halbwüchsiger, der sich den Folgen übermäßigem Alkoholkonsums noch nicht bewusst ist, versprach Kurras, sich nicht selbst zu gefährden.[10]

Noch eine andere Sache gab dem offenbar etwas steifen Eiserbeck Anlass zur Sorge. Kurras hatte bereits zuvor berichtet, dass unter den Kollegen der Abteilung I eine »unmögliche Ausdrucksweise«, also ein nicht sehr gewählter Ton vorherrsche. So gebe beispielsweise sein Chef, Kriminalhauptkommissar Geisler, Berichte seiner Untergebenen, die ihm missfielen, mit dem Kommentar zurück: »Damit können sie sich mal den A… abwischen!« Das konnte Eiserbeck natürlich eigentlich egal sein – hätte er nicht indigniert feststellen müssen, dass sich unter dem täglichen Eindruck dieses robusten Miteinanders auch sein bisher so akkurater GM diesen Ton immer mehr angewöhnte. »Der GM hat diese vulgäre Ausdrucksweise in bestimmten Maßen auch schon angenommen, während er früher sehr gewählt sprach«, hielt er irritiert fest. Sieben Jahre zuvor war Kurras noch deutlich empfindlicher gewesen. Im Einsatzkommando Charlottenburg hatte er Kollegen, die sich offenbar eines harschen Tons gegenüber der SED bedient hatten, noch als »Rabauken in Uniform« bezeichnet.[11]

Sehr erpicht war das MfS auf persönliche Charakteristika von Polizeibeamten. Es war immer interessant, etwas über private, finanzielle oder berufliche Probleme zu erfahren –

vielleicht konnte man hier ja ansetzen für eine Werbung unter Ausübung von Druck und Erpressung oder mit der Verlockung von Geldzahlungen. Bereitwillig gab »Otto Bohl« Informationen zu seinen Kollegen preis. So schätzte er einen Kriminalhauptkommissar, der verheiratet war und eine kleine Tochter hatte, als »sprunghaft und für sein Alter sehr kindisch« ein. Er habe einen »leicht unbeständigen Charakter« und trete oft vorlaut auf. All diese Eigenschaften behinderten seinen beruflichen Aufstieg. Ganz unsympathisch konnte der Mann Kurras dennoch nicht sein, denn er hatte eine »große Vorliebe für Waffen und Munition«.[12] Ein anderes Mal ging es um einen sehr ehrgeizigen Kollegen, der »glaubt, einer guten Sache zu dienen«. Er wolle immer alles alleine machen und sei wegen Trunkenheit und einer Schlägerei in Uniform versetzt worden.[13] Über einen anderen Kollegen urteilte Kurras, er sei »charakterlich nicht beständig«, lebe auf großem Fuß und neige zur Trunksucht. Auch seine Frau sei leichtlebig und großspurig. Das Sozialamt habe sich einschalten müssen, weil beide ihre Kinder vernachlässigt hätten. Wieder ein anderer sei ein »lustiger Vogel«, der seinen Dienst nie ernstgenommen und als Sänger Schlager- und Jazzmusik gespielt habe.[14]

Es fällt auf, dass die Einschätzungen fast immer negativ ausfielen. Eiserbeck legte jedoch eher Wert auf Berichte über Kollegen mit einer positiven Perspektive. Da Kurras offenbar zunächst nicht bewusst war, aus welchem Grund er solche Charakteristika abgeben sollte – obwohl er immer wieder auch über die politische Einstellung von Beamten berichtete –, machte es ihm sein Führungsoffizier klar: Gesucht wurden potenzielle GM und Kurras sollte nach ihnen Ausschau halten. Insofern änderten sich seine Beurteilungen daraufhin, weil er seine Kollegen nun gezielt auf die Möglichkeit einer Anwerbung abtastete. Allerdings blieben die allermeisten Einschätzungen abschlägig. Ein Beamter, auf den »Bohl«

gezielt gefragt worden war – das heißt, er musste dem MfS bereits durch einen anderen GM bekannt geworden sein –, sei »leichtsinnig, gibt an, säuft auch«. Er sei als GM nicht zu verwenden, sondern »er würde uns in Gefahr bringen«.[15] Das gleiche galt in seinen Augen auch für einen anderen Kollegen, den er schon mehrere Jahre kannte. Auch der trinke und sei unzuverlässig, so die Quintessenz aus einer verhältnismäßig langen Einschätzung.[16]

Ausdrücklich wies Eiserbeck darauf hin, dass Kurras nicht selbst Personen in seinem Umfeld anwerben solle. Es war ja auch eine heikle Angelegenheit, die einen GM in große Schwierigkeiten bringen konnte, wenn der Angesprochene das Angebot ablehnte und seinen Vorgesetzten davon unterrichtete. 1963 hatte sich das MfS etwas Besonderes ausgedacht. Zukünftig solle der GM sich als Ziel Kolleginnen, mit denen er Kontakt hatte, suchen. Der Hintergedanke war klar: Der 36-Jährige galt als forsch und kühn, sah gewiss nicht schlecht aus – was lag da näher, als ihn als Romeo einzusetzen, als Köder, der den Frauen zuerst den Kopf verdreht und sie dann für die Stasi anwirbt? Prompt setzte Eiserbeck ihn auch auf zwei bestimmte Kolleginnen an. Doch auf diesem Gebiet erwies Kurras sich nicht als Fachmann. Ganz im Gegenteil: Er musste bald sein völliges Versagen eingestehen. Zu der einen Kollegin hatte er überhaupt keinen privaten Kontakt aufbauen können, bei der anderen war es bei einem privaten Treffen geblieben. So bat er darum, von dieser Mission befreit zu werden. Ganz offenbar zeigten seine Führungsleute in der Prenzlauer Allee Einsicht.[17] Um die Verführung von Polizeibeamtinnen musste Kurras sich nach den ersten misslungenen Versuchen jedenfalls nicht mehr bemühen.

Die kritischen Beurteilungen über seine Kollegen erstaunen angesichts der Tatsache, dass Kurras wie gesehen gerne ihre Meinungen in einem für das MfS angenehmem Licht erscheinen ließ. Die Wahrheit sah eben doch anders aus. Zur

Wahrheit gehörte auch, dass die Berliner Polizei – von der Schutzpolizei bis zum Staatsschutz – fest in der Hand der SPD war. Die Sozialdemokraten und mit ihnen die Regierenden Bürgermeister dieser Jahre, Willy Brandt und Heinrich Albertz, galten der DDR-Führung noch als »Ultras«, die den sozialistischen Staat beseitigen und ein geeintes Deutschland unter westlicher Ägide schaffen wollten. An zahlreichen Stellen vermerkte Kurras den Einfluss der Sozialdemokraten – vom Polizeipräsidenten Duensing und mehreren seiner direkten Untergebenen abwärts. Wer etwas werden wollte in der Berliner Polizei, musste SPD-Mitglied sein. Selbst bei seiner Aufnahmeprüfung zur Kripo war sich Kurras sicher, dass die Bewerber mit dem »richtigen« Parteibuch bevorzugt würden. Vor allem in der Abteilung I war der Einfluss der Sozialdemokraten sehr groß, alle leitenden Offiziere gehörten der Regierungspartei an. Bei den Mitarbeitern hießen sie »die Roten« und nach einem Bonmot war der Berliner SPD-Vorstand besser über die Vorgänge in der Abteilung I informiert als deren Angehörige. Kurras wurde bald gefragt, ob er nicht auch Mitglied werden wolle. Da das MfS seinen Mann unbedingt in der Hierarchie weiter nach oben – möglichst bis an die Spitze der Abteilung – aufsteigen sehen wollte, war der Gedanke naheliegend. Und so forderte ihn Eiserbeck im Februar 1965 auch zu diesem Schritt auf. Er solle sich langsam überzeugen lassen und nach einiger Zeit die Mitgliedschaft beantragen.[18] In der Akte findet sich kein Hinweis darauf, dass er wirklich SPD-Mitglied wurde. Für die Zeit, in der die Mitgliedschaften per Computer gespeichert sind – bis zurück ins Jahr 1990 – war Kurras nicht in als Mitglied verzeichnet.[19]

# »Der GM hat die Chiffre begriffen«

## Die Arbeitsmethoden eines Stasi-Agenten

Bis zum Bau der Mauer am 13. August 1961 war es für Kurras relativ einfach, seinen Führungsoffizier im Ostteil Berlins zu treffen. Die Zusammenkünfte fanden regelmäßig statt, im Durchschnitt etwa fünf Mal im Monat.[1] Als Treffort nutzte man konspirative Wohnungen (abgekürzt »KW«), die sich zumeist in den Bezirken Mitte und Prenzlauer Berg befanden und an Stelle von Adressen mit Tarnnamen wie »KW Berg« oder »KW Hans Scholz« bezeichnet wurden. Im Normalfall fand sich Kurras an einer zuvor festgelegten Stelle, zum Beispiel dem Arkona- oder dem Falkplatz, ein. Hier wurde er von Redlin in einem Auto in Empfang genommen, ehe beide zur Wohnung fuhren. Nach einer kurzen Plauderei über allgemeine Dinge brachte »Otto Bohl« dann seinen Bericht in Anwesenheit von »Hans Turm« handschriftlich zu Papier. Anschließend wurde Kurras wieder in die Nähe der Sektorengrenze gefahren, allerdings nie direkt bis dorthin. Es war der Stasi bekannt, dass West-Berliner Polizisten, die im Osten gesehen wurden per se als verdächtig galten und überwacht wurden. Deshalb legte die Staatssicherheit größten Wert darauf, dass Kurras nicht im Osten oder bei einem Übertritt über die Grenze ertappt wurde – das wäre das Ende seiner noch kurzen, aber schon erfolgreichen Spitzelkarriere gewesen. Kurras selbst überlieferte später ältere Berichte über West-Polizisten, die in den Jahren vor dem Mauerbau im Osten gesehen und daraufhin überprüft worden waren. Obwohl also der Übertritt einerseits unkompliziert war – er erfolgte grundsätzlich in beiden Richtungen zu Fuß – war Kurras sich der damit verbundenen Gefahren durchaus bewusst, wie er Redlin gegenüber klagte. Deshalb fanden die Treffen auch immer abends statt.

Später, als »Bohl« eine Schreibmaschine für das Verfassen seiner Berichte benutzte, wurde er in die Technik des Geheimschreibverfahrens eingeführt. Er schickte dann seine Briefe nach Ost-Berlin an Deckadressen mit Namen wie »Zentrum«. Dabei handelte es sich für gewöhnlich um verdiente Parteigenossen, die diese Briefe an die Stasi weiterreichten, ohne dass sie in irgendetwas eingeweiht waren. Im Laufe der Jahre wechselten die Techniken, normalerweise aber waren die Texte mit einem Zahlensystem chiffriert und mit einer unsichtbaren Tinte geschrieben, die beim MfS zunächst mittels chemischer Substanzen wieder sichtbar gemacht wurde.[2] Dabei traten allerdings, insbesondere am Anfang, immer wieder Probleme auf, weil Kurras das Verfahren nicht richtig anwandt. In einigen Fällen, in denen eine unsichtbare Schrift benutzt wurde, konnte diese von den Experten bei der Berliner MfS-Verwaltung nicht sichtbar gemacht werden. Auch ansonsten unterliefen den Genossen im Osten Pannen. So wurde Kurras' Führungsoffizier Eiserbeck Ende November 1966 von einem Vorgesetzten gefragt, warum der Agent immer noch ein Verfahren verwende, das doch bereits vom US-Geheimdienst dekonspiriert sei. Die Sache war besonders ärgerlich, weil man sich 1965/66 nach der Aufdeckung eines Topspions und der damit verbundenen verschärften Tätigkeit von Staats- und Verfassungsschutz in West-Berlin besonders vorsichtig verhalten musste.

Im April 1958 wurde Kurras eine Kamera der Marke »Minox« ausgehändigt. Dabei handelte es sich um eine winzig kleine Kamera, die in der Lage war, ganze Dokumentenseiten abzulichten. Damit sollte er vor allem Akten aus seiner Dienststelle abfotografieren, damit diese nicht umständlich

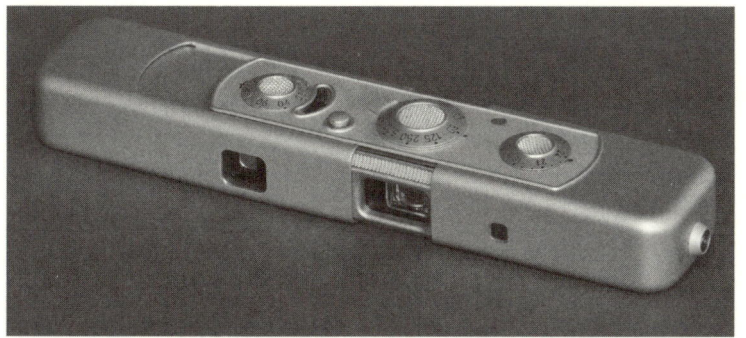

Mit einer solchen Minox-Kamera, die nur 12,5 Zentimeter lang war und kaum 140 Gramm wog, fotografierte Kurras geheime Dokumente ab.

und vor allem gefährlich nach Ost-Berlin zum Kopieren transportiert werden mussten. Hier gab es in der Anfangszeit allerdings erhebliche Probleme – der Agent schaffte es einfach nicht, die richtige Belichtung einzustellen. Die zuständige Abteilung beim Berliner MfS trieb er mit seinem Unvermögen in die Verzweiflung, weil die Mitarbeiter gewöhnlich aus den Filmen nichts mehr rausholen konnten. Mehrmals musste »Bohl« bei ganztägigen Treffs als Fotograf geschult werden, ehe er die Sache in den Begriff bekam. Nachdem ihm die Kamera zunächst nur für konkrete Aufträge zur Verfügung gestellt worden war, bekam er schließlich eine eigene. Das war gar nicht ungefährlich, denn wäre er eines Tages aus irgendeinem Grunde in Verdacht geraten und seine Wohnung durchsucht worden, dann hätte ihn diese Kamera verdächtig gemacht. Zur Sicherheit ließ ihm Genosse Eiserbeck eine kleine Konsole als Versteck zukommen. Kurras brachte sie an der Wand im Schlafzimmer an, verstaute die Minox darin und stellte einen Kaktus oben drauf. Mit fast kindischem Stolz übermittelte »Lotte Schwarz«, die das Werk aus der Stasi-Werkstatt überbracht hatte, Kurras' Lob, dass die kleine Konsole sehr gut gemacht sei.

Nach dem Bau der Mauer am 13. August 1961 wurde es

erheblich schwieriger und gefährlicher für Kurras, nach Ost-Berlin zu fahren. Rasch wurde festgelegt, die Treffs mit seinem Führungsoffizier auf zwei pro Jahr zu reduzieren. Diese dauerten dann zwischen einem und drei Tagen und fanden ausnahmslos im Osten statt, da Eiserbeck, der 1962 den pensionierten Redlin ersetzt hatte, als hauptamtlicher MfS-Mitarbeiter (der übrigens dem West-Berliner Staatsschutz bekannt war) nicht in den Westen kommen konnte. Zum wichtigsten Verbindungsglied wurden nun die regelmäßigen, unter dem Gesichtspunkt größtmöglicher Konspiration durchgeführten Treffen mit Kurieren, die aus Ost-Berlin zur Übermittlung von Aufträgen, zur Übernahme von Material und Informationen und zur Betreuung des GM geschickt wurden. Für Kurras waren in der Zeit von Spätsommer 1961 bis zum Juni 1967, als seine MfS-Tätigkeit endete, nur »Lotte Schwarz« und »Margarete Winter« als Kurierinnen zuständig.

Ob der Termin ein Zufall war oder nicht – fünf Tage vor dem Mauerbau hatte die Abteilung VII des MfS zudem beschlossen, dass Kurras im einseitigen Funkverkehr ausgebildet werden sollte – also im Empfangen, nicht jedoch im Senden von geheimen Funksprüchen.[3] Allerdings sollte die notwendige Ausbildung des Agenten erst während seines Urlaubs zwischen Ende September und Mitte Oktober in Ost-Berlin durch die zuständige Abteilung E durchgeführt werden. Als Termin für die erste Sendung war der 16. Oktober vorgesehen. Von da an sollten jeden ersten und dritten Montag im Monat Aufträge an »Otto Bohl« gefunkt werden.

Es könnte sein, dass Eiserbeck von höherer Stelle, einen Wink bekommen hatte, für den Fall einer Schließung der Grenze vorzusorgen. Immerhin gehörte sein oberster Chef Erich Mielke, der seit vier Jahren an der Spitze des Ministeriums für Staatssicherheit stand, zu den wenigen Personen, die von SED-Chef Walter Ulbricht in die Planungen zur Abriegelung eingeweiht worden waren.[4] Wenn es so war, hatte Eiserbeck aber sicher nicht damit gerechnet hatte, dass die Sache so schnell durchgezogen werden würde. Die Vermutung, die Berliner MfS-Spitze habe einen Hinweis bekommen und Kurras indirekt auf das Bevorstehende vorbereiten wollen, bekommt noch durch einen anderen Bericht Nahrung. Am 27. Juli, also knapp drei Wochen vor dem Beginn der Absperrung, stand das Thema »Freie Stadt West-Berlin« auf der Tagesordnung einer politischen Schulung des Agenten.[5]

Kurras erhielt seine siebenstündige Funk-Ausbildung am 11. Oktober 1961. Vor allem musste er die Dechiffrierung verschlüsselter Sendungen lernen. Im Protokoll vermerkte der zuständige Oberleutnant Kinkert von der Abteilung XI, dass sich der GM »sehr interessiert und lernbegierig« gezeigt habe. »Nach Klärung einiger Schwierigkeiten kann gesagt werden, dass der GM die Chiffre begriffen hat«.[6] Um sicher zu gehen, dass die Verbindung funktionierte, sollte Kurras anschließend per Post eine Nachricht schicken. Im Falle, dass alles in Ordnung war, sollte er eine Ansichtskarte schicken; falls falls er keine Nachricht empfangen hatte, eine Karte mit einem Blumenmotiv; und falls die Nachricht zwar angekommen war, er sie aber nicht dechiffrieren konnte, eine Karte mit einem Tiermotiv. Die Übertragungen konnten indes noch nicht wie geplant aufgenommen werden, denn Kurras wohnte zu dieser Zeit zur Untermiete und konnte seinen Empfänger nicht ungestört betreiben. Daher bekam er den Auftrag, sich möglichst bald eine eigene Wohnung zu suchen, was sich allerdings angesichts der angespannten West-Berliner Wohnungssituation als schwierig herausstellte. Ein Radiogerät, das für den Empfang notwendig war, kaufte er sich für 370 DM. Das Geld erhielt er von seinen Auftraggebern erstattet.

Schließlich hatte das MfS eine Materialschleuse am Bahnhof Friedrichstraße eingerichtet, dem berühmten Grenzübergang in Berlins Mitte. Wo genau sich diese befand, ist aus der Akte nicht ersichtlich. In ihr konnten die GM auf West-Berliner Seite Materialien hinterlegen – in Behältnissen wie Streichholzschachteln oder Briefumschlägen –, die dann MfS-Mitarbeiter auf der Ost-Berliner Seite an sich nahmen. Folglich dürfte es sich um ein verdecktes und verschließbares Mauerloch oder ähnliches gehandelt haben. Denkbar wäre auch ein Schließfach, für das sowohl Kurras als auch das MfS Schlüssel hatten, oder eine Vorrichtung in einem Café oder Intershop. Kurras benutzte die Schleuse im Bahnhof Friedrichstraße ab April 1963.[7] Er sollte sie jeden Dienstag Abend zwischen 21.00 Uhr und 22.30 Uhr belegen. Wirklich sicher scheint dieses Verfahren nicht gewesen zu sein. Schon eine Woche nach dem Beschluss zur Nutzung, vermeldete »Otto Bohl« dass der Bahnhof Friedrichstraße vom West-Berliner Verfassungsschutz überwacht werde, »unter Umständen vielleicht durch Frauenspersonen«, wie er nicht zu erwähnen vergaß.[8]

Ende Januar 1965 verschärfte er seine Warnung – und nun hatte er als Mitarbeiter in der Abteilung I, also beim Staatsschutz, erheblich bessere Einsichtsmöglichkeiten.[9] Verfassungsschutzleute überwachten tatsächlich den Bahnhof Friedrichstraße. Sie seien mit »Kleinstfotoapparaten« ausgerüstet und tarnten sich als Reisende oder Käufer im Intershop, der bekannt sei als Anlaufstelle für SSD-Agenten.[10] Später berichtete er ebenfalls über »Observierer« mit in Aktentaschen eingebauten Fotoapparaten, die unbemerkt von überwachten Personen Bilder schießen konnten. Durch einen Übermittlungsfehler hatten die Leute vom MfS jedoch in seinem chiffrierten Bericht »Servierer« verstanden, und rätselten eine ganze Weile vergeblich herum, ob Kellner als West-Agenten auf der Ost-Berliner Seite des Bahnhofs in Frage kommen könnten. Gut zwei Monate später, am 8. April, löste Kurras schließlich Großalarm beim MfS in der Prenzlauer Allee aus. Die Abteilung I verfüge über einen Plan vom gesamten Gelände des Bahnhofs Friedrichstraße. Darin seien alle Aus-

Pass- und Zollkontrolle in den Katakomben des Bahnhofs Friedrichstraße –
dem Dreh- und Angelpunkt der Ost-West-Spionage.

gänge, Türen und Zimmer verzeichnet, und es sei auch genau
bekannt, in welchen Zimmern die Mitarbeiter des MfS sä-
ßen. Der Plan werde ständig durch Beobachtungen ergänzt.
Jede bekannte Tätigkeit von Volkspolizei und MfS auf dem
Bahnhof werde in Form eines Personalbogens erfasst. Kurras
lieferte auch gleich ein Beispiel für einen solchen Bogen mit.
Ob das MfS nach dieser zweifellos äußerst brisanten Meldung die Schleuse für alle GM schloss, geht aus der Akte
nicht hervor. Kurras jedenfalls sollte sie fortan nicht mehr
benutzen.

# »Er lässt dann kaum mit sich reden …«

Der Spion und die Sicherheit

Am Samstag, dem 12. August 1961, saß Karl-Heinz Kurras abends gemütlich mit einem Kollegen beisammen. Irgendwann nach Mitternacht begab er sich nach Hause und legte sich schlafen. Um 4.30 Uhr wurde er plötzlich geweckt – Großalarm. Was war passiert?

Die DDR hatte begonnen, zwischen den drei Westsektoren und dem Ostsektor Berlins eine Grenze aus Stacheldraht zu errichten. Drei Tage später wurden die ersten Teile einer festen Mauer errichtet. Kurras wurde in der Chausseestraße, also an der Sektorengrenze zwischen Wedding und Mitte eingesetzt, wo empörte Jugendliche ihrem Unmut über die menschenverachtende Maßnahme freien Lauf ließen. Aufgabe der Kriminalpolizisten war es, solche »Provokationen«, wie sie im Osten genannt wurden, zu verhindern, um die Situation nicht eskalieren zu lassen.[1] Die meisten seiner Kollegen hatten vermutlich Verständnis für die aufgebrachten jungen Leute, auch wenn sie sie gemäß ihres Auftrages beruhigen und abdrängen mussten. Nicht so Karl-Heinz Kurras. In den Akten findet sich keine kritische Reflexion der Ereignisse. Ihm erschien die Mitteilung wichtiger, dass der Schießstand am Wannsee, den er regelmäßig aufsuchte, nun vorübergehend geschlossen worden sei.[2] Er regte sich zudem über die »feinen Damen« auf, die schon am Nachmittag des 13. August – einem Sonntag – auf dem Kudamm saßen und Kaffee tranken, als sei nichts geschehen. Sie würden »ihr Drohnendasein« einfach weiterleben.[3]

Zweifellos wurde Kurras von den Ereignissen völlig überrascht – wie fast alle Menschen in West- und Ost-Berlin. Allerdings war in Politik und Presse viel darüber gemutmaßt worden, dass irgendeine Aktion zur Unterbindung der Massenflucht von Ost nach West bevorstünde. Nicht zuletzt hatte US-Präsident John F. Kennedy Moskau gegenüber Stillhalten signalisiert, sofern nur die Interessen der West-Alliierten in West-Berlin – nicht in der gesamten Stadt – unberührt bleiben würden. So rechnete man allenthalben damit, dass irgendetwas geschehen würde.[4]

Für »Otto Bohl« und seine Leute im Osten brachte die neue Situation natürlich unvorhergesehene Schwierigkeiten mit sich. Wie sollte von nun an der persönliche Kontakt aufrechterhalten werden? Beamten der Kriminalpolizei wurde es bald verboten, in den Ostteil hinüber zu fahren. Aber auch ohne ein solches Verbot war von nun an unter den verschärften Sicherheitsbedingungen ein solcher Ausflug gefährlich. Aus den Akten und seiner eigenen Tätigkeit wurde Kurras bald gewahr, dass Kripo-Beamte, die man bei Reisen nach Ost-Berlin entdeckte, automatisch unter Spionageverdacht gerieten und beobachtet wurden. Das traf selbst solche Kollegen, die lediglich ohne auszusteigen die S-Bahn zur Durchreise durch den Ostsektor nutzten, weil dieser Weg für sie eine Abkürzung von einem Teil West-Berlins in den anderen war. Die S-Bahn gehörte zur Reichsbahn, und diese gehörte der DDR – genug Anlass, um sich verdächtig zu machen. Ohnehin war es in der ersten Zeit nach dem Mauerbau für West-Berliner verpönt, sie zu nutzen.[5]

Den letzten Treff hatte Kurras am 3. August 1961 mit Oberleutnant Eckert gehabt. Es war ein Kurztreff gewesen, bei dem vor allem über das aktuelle Verhältnis zwischen den USA und der Sowjetunion gesprochen worden war. Der nächste Termin war für den 17. August an einer Telefonzelle am Ost-Berliner Dönhoffplatz verabredet worden, also sechs

Tage nach dem Beginn der Absperrmaßnahmen. Und er fand auch tatsächlich statt. Anders als bei vielen anderen GMs brach der Kontakt zu Kurras auch in den ersten Wochen nach dem Bau der Mauer nicht ab.[6] Er kam zwar 20 Minuten zu spät, aber er kam. In diesen Tagen konnten West-Berliner noch einigermaßen ungehindert die Sektorengrenze passieren. Gleichwohl war die Sache jetzt viel gefährlicher, weil nach der Ausrufung eines Großalarms für die gesamte West-Berliner Polizei rund um die Uhr Kriminalpolizisten an den Absperrungen Dienst taten und Kurras so jederzeit Gefahr lief, auf einen Bekannten zu stoßen. Beim nächsten Treff am 8. September hatte er dann Probleme, hinüberzugelangen und musste sich auf dem Bahnhof Friedrichstraße erst an einen Bahnpolizisten der DDR wenden und ihn über den Grund seiner Einreise in Kenntnis setzen. Auch das war nicht ungefährlich, bestand doch die Gefahr der Dekonspiration durch die Grenzer. Gleichwohl hatte er für das MfS interessante Informationen über die Tage unmittelbar nach dem Beginn der Abriegelung. Sicher haben darüber auch andere GMs Informationen geliefert, aber Kurras' Schilderungen rundeten das Bild zweifellos ab. Er berichtete vor allem über die »starke Unruhe« die unter seinen Kollegen in der Kripo-Inspektion Tiergarten herrsche. Die Stimmung sei mies, auch weil der Großalarm nun schon Tage dauere und die Verpflegung schlecht sei. Auch die Kriminalbeamten waren zum Dienst an den neuen Grenzübergängen eingeteilt. Ihre Aufgabe war es einerseits, Personen, die nach Ost-Berlin fuhren, mit Adresse und Angaben zum Arbeitsplatz zu notieren, andererseits die Kfz-Kennzeichen von Fahrzeugen in beide Richtungen zu notieren, wobei sie die Insassen der West-Fahrzeuge über Reiseziel und -zweck befragten. Schon im Laufe der ersten Tage entstand eine 35seitige Liste mit Personen, denen ein Übergang von West nach Ost verboten wurde.[7] An dieser Liste zeigte das MfS größtes Interesse.

Auf die neue Lage nach der Abriegelung musste die Berliner MfS-Verwaltung reagieren. Man traf zwei Beschlüsse: Erstens wurde Charlotte Müller alias »Lotte Schwarz« von nun an regelmäßig zu Treffen nach West-Berlin geschickt. »Bohl« sollte nur noch zwei Mal pro Jahr für längere, bis zu drei Tage dauernde Zusammenkünfte mit seinem Führungsoffizier in den Osten kommen. Dabei ging es dann jeweils um Grundsätzliches wie Probleme der Konspiration und Sicherheit, Perspektiven des GM oder seine politische Erziehung. Müller wurde somit endgültig zur wichtigsten Kontaktperson von Kurras. Persönlich kannte er neben ihr nur seine Führungsoffiziere Redlin (der gerade aus Altersgründen ausgeschieden war), dessen Nachfolger Eiserbeck, Oberstleutnant Eckert (der Eiserbeck hin und wieder vertrat) sowie zwei weitere MfS-Genossen, die ihn in die Techniken von Geheimschreibverfahren und Funkverkehr eingewiesen hatten.

Da ständig die Möglichkeit bestand, dass »Lotte Schwarz« überwacht werden würde, musste sie von nun an Wege von Ost- nach West-Berlin wählen, die ihr eigentliches Ziel zunächst verdeckten. Auf diese Weise konnte sie genau beobachten, ob sie verfolgt wurde und in diesem Fall ihren Aufenthalt möglicherweise schon an einer ganz anderen Stelle der Stadt abbrechen, bevor sie den eigentlichen Treffort mit »Otto Bohl« erreichte. Bevorzugte Treffpunkte waren das Café am Schleusenkrug in Tiergarten (Tarnname »Trude«) und der Kurt-Schumacher-Platz (»Kurt«.) Aber auch an anderen Orten, zum Teil auch auf der Straße, trafen sich die beiden. Geschleust wurde Charlotte Müller regelmäßig am Bahnhof Friedrichstraße. Teilweise geschah das über einen Dienstübergang für Angestellte der Reichsbahn, der sich in einem unterirdischen Verbindungsgang zwischen dem U-Bahnsteig (der nur vom Westen aus benutzt werden konnte) und dem S-Bahnsteig befand und auch zur Schleusung von Agenten genutzt wurde. Meistens aber passierte Müller die normale Grenzübergangsstelle für Bürger der Bundesrepublik, da sie ja im Besitz eines westdeutschen (später österreichischen) Passes war. Auch Kurras wurde durch die unterirdische Schleuse in den Ostteil gelassen und dort von Eiserbeck in Empfang genommen. Mit einem in einer Seitenstraße von der Friedrichstraße geparkten Wagen ging es dann zur konspirativen Wohnung, in der das Gespräch stattfand. Anschließend wurde Kurras über den umgekehrten Weg wieder nach Westen gebracht. Bei Insidern trug dieser Gang später die Bezeichnung »Ho-Chi-Minh-Pfad«.

Der Weg Müllers zu den Treffpunkten sah dann so aus wie zum Beispiel am 4. Oktober 1961. Nachdem sie um 13.10 Uhr vom Bahnhof Friedrichstraße nach Gesundbrunnen gefahren war, machte sie einen Spaziergang in Richtung Bornholmer Brücke und bis zur Prinzenallee. Um 16.15 Uhr fuhr sie mit dem Bus zurück nach Gesundbrunnen. Von dort machte sie sich zu Fuß zum Humboldthain auf, wo sie sich zunächst auf eine Parkbank setzte. Um 17 Uhr schließlich begab sie sich von der Hussitenstraße die Gustav-Meyer-Allee entlang in Richtung Gleimtunnel – auf der einen Seite in der hereinbrechenden Dämmerung die Parklandschaft des Humboldthains, auf der anderen die Klinkerbauten der AEG-Werke. Von der anderen Seite des etwa 300 Meter langen Straßenabschnitts näherte sich »Otto Bohl«. Er hatte sich um eine halbe Stunde verspätet und ging auf der anderen Straßenseite an »Lotte Schwarz« vorbei, ohne sie wahrzunehmen. So musste sie ihm bis zur Hussitenstraße zurück hinterherlaufen und ihn schließlich ansprechen. Fast viereinhalb Stunden, nachdem sie die Sektorengrenze überquert hatte, standen sich beide endlich gegenüber.[8] Um ihre dienstlichen Pflichten zu erledigen, schlenderten sie durch den Park. Um 19.15 Uhr verspürte Kurras Hunger und überredete Müller dazu, mit ihr ein Brathähnchen essen zu gehen. In diese Speise war er offenbar vernarrt, und so trafen sich die beiden einige Male auch gleich im »Wienerwald« am Kurt-Schumacher-Platz. Um 19.15 Uhr schließlich brach Müller wieder auf und gelangte über den Bahnhof Friedrichstraße um 19.40 Uhr wieder in den »demokratischen Sektor«.

Umso höher Kurras bei der Kriminalpolizei aufstieg, umso mehr musste er auf die Absicherung der Treffs achten. Das galt besonders, seit er bei der Abteilung I arbeitete. Immer wieder wies Eiserbeck Müller an, dem GM die Bedeutung des Sicherheitsaspekts deutlich zu machen. Aber auch für Müller selbst war äußerste Vorsicht geboten. Schon drei Wochen nach dem Beginn der Abriegelungsmaßnahmen wurde für sie eine Legende für den Fall aufgestellt, dass sie mit ihrem vom MfS gefälschten westdeutschen Pass auf West-Berliner Seite in eine Personenkontrolle geriet. Sie sollte in diesem Fall erklären, dass sie unbedingt den Kontakt zu ihrer im Westen lebenden Schwester aufrechterhalten wolle. Daher habe ein ihr bekannter Ausländer ihr angeboten, für 150 Mark einen westdeutschen Personalausweis zu beschaffen. Im Falle einer intensiveren Kontrolle sollte sie auch den Namen der Schwester preisgeben und sich selbst als zwar loyale, aber unpolitische Bürgerin der DDR ausgeben.[9] Drei Jahre später wurde genau aufgeschrieben, wie sich Müller verhalten solle, falls sie in West-Berlin festgenommen würde. Insgesamt solle sie freundlich bleiben, sich nicht aus der Ruhe bringen lassen, ihre Schwester als Grund der Einreise nennen, keine weiteren Namen nennen und ihre SED-Mitgliedschaft nicht erwähnen. Auf keinen Fall dürfe sie ein Geständnis ablegen. Auch eine Rolle wurde ihr aufgeschrieben – sie solle einfach »ein altes vergessliches Mütterchen spielen«.[10] Eine kritische Situation entstand, als sie ihren gefälschten westdeutschen Pass in West-Berlin verlor. Aber anscheinend hatte ihn niemand gefunden oder wenn doch, nicht bei der Polizei abgegeben, so dass es offenbar nicht zu Nachforschungen kam.

Vor seinem Wechsel in die Abteilung I wurde Kurras' Vergangenheit nach Ereignissen durchleuchtet, die ihn belasten konnten. Sorgen musste er sich anscheinend nicht machen. Bei seiner Einführung unterschrieb er eine Verpflichtung, strengstes Schweigen zu wahren, alle Ostkontakte sofort zu melden und sich mit eventuellen Überprüfungen, Überwachungen und Hausdurchsuchungen einverstanden zu erklären. Eiserbeck trug Kurras immer wieder auf, sich besonders um das Vertrauen seiner Vorgesetzten zu bemühen. Da hatte er überraschenderweise einen Startvorteil. Denn als er sich bei seinem neuen Vorgesetzten von der 1. Inspektion der Abteilung I vorstellte, sprach dieser von sich aus das Thema der sowjetischen Internierung an. »Die Geschichte aus Sachsenhausen gefiel ihm sehr und er befragte mich, wie die Behandlung gewesen sei. Ich betonte alles sehr schlecht. Und schließlich meinte er, dass ich die Kommunisten am eigenen Leibe gespürt habe und dass ich von dieser neuen Dienststelle gezielt gegen Kommunisten vorgehen könne. Er setze in meine Person großes Vertrauen«, berichtete Kurras.[11]

Doch der Agent musste immer und überall mit gefährlichen Enthüllungen rechnen. So stieß er selbst im Juni 1965 auf alte Akten über seinen ersten Führungsoffizier Fritz Redlin, den Mann also, bei dem er sich zehn Jahre zuvor für die Stasi beworben hatte. Bekannt war dessen Tarnname »Hans Turm«, in der Akte fanden sich Aussagen von Personen, die mit ihm zusammengearbeitet hatten. Über den MfS-Mann selbst lagen Einschätzungen, Personenbeschreibungen und anderes mehr vor. Außerdem waren Orte angegeben, an denen er die Treffs mit seinen Agenten durchgeführt hatte. Das hätte für Kurras sehr gefährlich werden können, doch entweder waren die Unterlagen zu alt (sie stammten dann vermutlich aus Überprüfungen zu Beginn der fünfziger Jahre) oder Kurras' Aktivitäten waren so gut verschlüsselt gewesen, dass die Angaben für seine Kollegen undurchschaubar waren. Jedenfalls erwuchs aus dieser Angelegenheit letzten Endes keine Gefahr, obwohl die Informationen allesamt richtig waren. Kurras nahm die Sache offenbar auf die leichte Schulter. »Bohl war darüber nicht besonders berührt. Er sagte, dass so etwas passieren könne«, notierte »Lotte Schwarz« nach einem Treff, zu dem sich beide gemütlich auf einer Bank im Kleinen Tiergarten in Moabit niedergelassen hatten.[12]

Schon drei Jahre zuvor hatte Kurras aber selbst die Frage aufgeworfen, ob es nicht sinnvoll sei, ihm für den Fall seiner Enttarnung eine Adresse zu geben, bei der er vorübergehend untertauchen könnte. Er hoffte möglicherweise darauf, im Falle eines Falles indirekt durch einen anderen GM gewarnt zu werden. Auch Eiserbeck und Genossen stimmten zu. Ihnen war klar, dass »jetzt eine völlig andere Situation durch die Versetzung es GM entstanden ist. Der GM ist noch mehr im Mittelpunkt, als dies bisher der Fall gewesen ist«.[13] In der Prenzlauer Allee hatte man zunächst an Charlotte Müllers Schwester gedacht, doch das lehnte die altgediente Kommunistin ab. Müller bekam daraufhin den Auftrag, nach einer anderen geeigneten Adresse zu suchen. Sie überzeugte schließlich eine alte Leidensgenossin aus dem KZ Ravensbrück: Erna Lugebiel. Die Berlinerin, die seit 1940 einer Widerstandsgruppe angehört und 1944/45 in dem Konzentrationslager eingesessen hatte, setzte sich bis zu ihrem Tod 1984 immer wieder in der Öffentlichkeit für eine Aufklärung der nationalsozialistischen Verbrechen ein. Sie erklärte sich bereit, den Stasi-Spion Karl-Heinz Kurras eine Weile in ihrer Wohnung aufzunehmen, falls er untertauchen müsse. Nachdem Müller am ersten Jahrestag des Mauerbaus die Details mit der 64-Jährigen abgeklärt hatte, stellte diese nur noch eine Bedingung. Das MfS sollte ihr ein Wiedersehen mit einer alten Freundin ermöglichen, die in Ost-Berlin lebte und zur selben Zeit wie Müller und Lugebiel in Ravensbrück gewesen war: Rosa Thälmann, die Witwe des von den

Nationalsozialisten ermordeten früheren KPD-Vorsitzenden Ernst Thälmann. Die Sache eilte sehr, denn Rosa Thälmann lag schwer erkrankt im Ost-Berliner Regierungskrankenhaus.[14] Sie starb am 21. September, gut fünf Wochen nach der Vereinbarung.[15]

Nachdem »Otto Bohl« zum Jahresbeginn 1965 in die Abteilung I eingeschleust worden war, wurde die Gefahr der Entdeckung noch größer. Der erste Versuch einer direkten Kontaktaufnahme schlug prompt fehl. »Onkel Kurt seit Sonntag 24.1. schwer erkrankt. Hat Grippe«, telegrafierte Kurras in Geheimsprache an die Deckadresse »Zentrum«. Das bedeutete übersetzt, dass er sich am 16. Januar um 18 Uhr mit »Lotte Schwarz« am West-Berliner Kurt-Schumacher-Platz im Restaurant »Wienerwald« treffen wollte. Doch »Otto Bohl« erschien an diesem Tag nicht, seine Mitstreiterin musste unverrichteter Dinge wieder abziehen. Im zweiten Anlauf, zehn Tage später, klappte es dann aber. Kurras' neue Stellung erforderte noch größere Sicherheitsmaßnahmen bei den Treffen und bei seiner konspirativen Tätigkeit, wie Eiserbeck in den nächsten Monaten nicht müde wurde zu betonen.

Zu dieser Zeit berichtete Kurras auch über die Überwachungsmaßnahmen am Bahnhof Friedrichstraße. Es erscheint allerdings zweifelhaft, dass die Informationen des Verfassungsschutzes wirklich so lückenlos waren, wie »Bohl« berichtete. Die Personenschleuse jedenfalls wurde auch in den nächsten Jahren erfolgreich genutzt. 1976 siedelten über sie auch Mitglieder der westdeutschen Terrorgruppe »Rote Armee Fraktion« heimlich in die DDR über. Wie nach dem Fall der Mauer Mitarbeiter des Verfassungsschutzes sagten, war es trotz der Überwachung wegen der großen Menschenmassen schwer, gezielt verdächtige Personen auf dem Bahnhof intensiv zu beobachten und zu verfolgen.[16]

Mit den Begriffen mutig und dreist kann man die schon erwähnten Besuche Müllers in Kurras' Dienststelle in den Jahren 1958 und 1959 bewerten. Auch Anfang September 1961, nur drei Wochen nach dem Beginn des Mauerbaus und mitten in der aufgepeitschten Situation danach, begab sich »Lotte Schwarz« noch einmal zu Kurras' Arbeitsplatz, der sich bereits in der Kriminalinspektion Tiergarten befand. Diesmal ging es aber nur um die Terminabsprache für ein Treffen.[17] Danach finden sich keine Hinweise mehr auf solche Besuche – sie galten sicher als viel zu riskant. Auch den einen oder anderen Telefonanruf unter seiner Dienstnummer gab es, wobei es ebenfalls um Terminabsprachen ging. Dies geschah alles mit Zustimmung des MfS. Andere Vorkommnisse dagegen fanden nicht den Segen der Vorgesetzten; im Gegenteil, sie waren Grund zu höchster Besorgnis und ließen die Genossen zeitweilig sogar an der Ehrlichkeit ihres Spions zweifeln.

Nach einem elfstündigen Treffen mit Kurras im Januar 1966 stellte Eiserbeck besorgt fest, dass bei seinem Top-Agenten »noch eine gewisse Unterschätzung der Tätigkeit der Abwehrorgane des Gegners vorhanden ist«.[18] Zu dem Ergebnis konnte man in der Tat kommen, denn Kurras hatte sich in der Zeit zuvor teilweise sträflich unvorsichtig und unbesorgt verhalten. Je länger er für das MfS seine geheime Spitzelarbeit machte, desto übermütiger wurde er. Erstmals hatte Eiserbeck gut zwei Jahre zuvor Grund gehabt, ein solches Verhalten zu monieren. Kurras lasse seine Unterlagen frei im Zimmer herumliegen, notierte Eiserbeck im November 1964 spürbar besorgt, habe aber bisher noch nicht feststellen können, dass seine Wirtin oder seine Freundin – also seine zukünftige Frau Hannelore – sie ohne seine Kenntnis genommen hätten. Allerdings hatte er seine Minox-Kamera und das Codematerial für den einseitigen Funkverkehr in einem Container versteckt, den nur er kannte[19].

Schlimmer waren aber in den Augen des MfS-Offiziers andere Vorkommnisse. Anfang Oktober 1962 kam es zu einem Fehlverhalten, das Eiserbeck in einem Sonderbericht als »sehr ernst« bezeichnete[20]. Was war geschehen? Als »Lotte Schwarz« wenige Tage zuvor wie vereinbart um 18 Uhr zu einem Treff in einem Lokal in Tegel eintraf, hatte sie 20 Minuten warten müssen, bevor Kurras erschienen war. Er hatte seine Verspätung mit überraschenden Dienstverpflichtungen begründet und sich von einem Fahrer seiner Kripo-Dienststelle zum Treffort fahren lassen. Er sollte an diesem Tag einen Film mit abfotografierten Dokumenten übergeben, doch war er noch nicht dazu gekommen, die Aufnahmen zu machen. So forderte er Müller auf, einfach mit ihm in seine Dienststelle zu fahren und bis 20 Uhr zu warten. Dann würden seine Kollegen Feierabend machen und er könne ganz in Ruhe fotografieren. Die entsetzte Kurierin lehnte ab. Das sei viel zu gefährlich, beschied sie ihn. Er solle die Unterlagen mit nach Hause nehmen und dort fotografieren. Anschließend könnten sie sich an einer Bushaltestelle in der Nähe treffen. Kurras ließ sich überzeugen und fuhr wieder zurück in die Dienststelle.

Als Müller zum verabredeten Zeitpunkt am vereinbarten Treffpunkt ankam, erlebte sie die nächste böse Überraschung. Zu ihrer Verwunderung wartete Kurras schon – und er war nicht allein. In wenigen Metern Entfernung saß in seinem Auto sein bester Freund, mit dem er noch etwas unternehmen wollte. Um sich nicht auffällig zu verhalten, blieb Müller nichts anderes übrig, als einzusteigen und mit in Richtung Charlottenburg zu fahren. Während der Fahrt unterhielten die drei sich über die weltpolitische Lage. Unterdessen überlegte Müller, wie sich am besten aus der Situation befreien könne, und bat schließlich, sie aus dem Auto aussteigen zu lassen, weil sie nach Hause wolle. Als der Freund sie auch noch bis zu einer rasch erfundenen Adresse im Wedding gefahren hatte, stieg Kurras mit ihr aus und übergab ihr den Film mit den Dokumenten. Sie raunte ihm zu: »Du musst sofort zurück zum Wagen. Schnell den nächsten Treff.« Sie vereinbarten ihn schon für drei Tage später, weiter konnten sie nichts besprechen. Zum Ende ihres Berichts, der trotz der sachlichen Sprache ihr Entsetzen über die Situation verdeutlicht, stellte sie fest: »Beim nächsten Treff will ich Bohl sagen, dass ich mit niemandem zusammentreffen will. [...] Sowas darf nicht noch einmal passieren.«[21] Das sah Eiserbeck genauso. »Bohl« habe die Wachsamkeit verletzt. Es müsse eine sehr gründliche Auswertung erfolgen, damit solcherart Vorkommnisse zukünftig unbedingt verhindert würden. Mit Kurras müsse noch stärker als bislang über Fragen von Konspiration und Wachsamkeit gesprochen werden. Außerdem sei das Verhältnis zu seinem Freund zu überprüfen. Eiserbeck hegte nun sogar grundsätzliche Zweifel an seinem West-Agenten: »In der nächsten Zeit sind dem GM Aufgaben zu stellen, um nochmals die Ehrlichkeit zu überprüfen. Die bisherige Arbeit des GM erbrachte noch nicht den Eindruck, dass der GM unehrlich ist. Anhaltspunkte für eine Doppeltätigkeit liegen nicht vor«.[22] Dabei sollte es auch bleiben. Aber bei einem Besuch »Bohls« in Ost-Berlin machte ihm Eiserbeck gut zwei Monate später noch einmal eindringlich die Gefährlichkeit seines Verhaltens klar.

Ein Jahr später hatte er erneut Anlass zu heftiger Kritik an seinem Agenten, der offenbar nicht nur zunehmend übermütig wurde, sondern auch einen übergroßen Ehrgeiz zu entwickeln begann. Am zweiten Weihnachtstag war Kurras abends gegen 19 Uhr plötzlich am Grenzübergang Chausseestraße erschienen und wünschte, den Mitarbeiter des MfS »Werner« zu sprechen. Das war Eiserbecks Tarnname. Als der Posten ihm erklärte, dass das eine Weile dauern würde, übergab ihm Kurras einen Briefumschlag mit der Aufschrift »Für Werner – MfS – Absender Otto Bohl«. Zwei Tage später erreichte der Umschlag den erbosten Adressaten, der vor allem fürchtete, Kurras könne durch einen Grenzposten enttarnt werden.[23] Erneut tobte Eiserbeck vor Wut, was trotz seiner bürokratischen Berichtssprache zu spüren ist. Allerdings musste er auch zugeben, dass das von Kurras gelieferte Material außergewöhnlich interessant war. Eine sofortige Übergabe aber sei trotzdem nicht notwendig gewesen.

Risikoreich war auch eine Tat im Oktober 1962. An diesem Tag übergab er »Lotte Schwarz« Unterlagen, die er heimlich mit Hilfe eines eigens angefertigten Nachschlüssels aus dem Schrank des Leiters der Kripo-Inspektion Tiergarten entwendet und mit seiner Minox fotografiert hatte. Bei diesen Unterlagen handelte es sich immerhin um zwei Protokolle von Sitzungen der Inspektionsleiter, die Alarmordnung der Polizei und eine namentliche Auflistung von Beamten der Kripo. Mit dem GM sei beim nächsten persönlichen Treff über diese Form der Beschaffung von Nachrichten zu sprechen, hielt Eiserbeck in seinem trockenen Berichtsdeutsch fest.[24] Ganz offenbar war ihm diese Handlungsweise zu gefährlich. Die Unterlagen nahm er natürlich trotzdem dankend an.

Ein anderes Ärgernis sah das MfS oft in Kurras's Angewohnheit, Originaldokumente zum Kopieren zu beschaffen und anschließend wieder an ihren Aufbewahrungsort zurückzulegen. Solange das absolut sicher schien – und solange »Otto Bohl« noch ein »kleiner« Polizist war –, war die Sache in Ordnung. Vor dem Mauerbau hatte er die Unterlagen zum Treff mit Redlin oder Eiserbeck mitgebracht. Während des Gesprächs und in der Zeit, in der er seinen Bericht verfasste, wurden sie von den Genossen der zuständigen Abteilung in der Treff-Wohnung abgeholt, zur MfS-Verwaltungsstelle gebracht, kopiert und wieder zurückgebracht.[25] Doch der Agent entwickelte etwa ab dem Jahr 1962 die Eigenschaft, Originaldokumente unaufgefordert und ohne Ankündigung zu den Treffs mit »Lotte Schwarz« mitzubringen und sie ihr in aller Öffentlichkeit so aufzudrängen, dass sie sie gegen ihren Willen an sich nehmen musste, um nicht den Eindruck eines Streits zu erwecken und dadurch aufzufallen. Durch solche Handlungen gefährde er den GHI und sich selbst, monierte Eiserbeck. Und auch, wenn er Kurras in den wenigen persönlichen Gesprächen immer wieder darauf aufmerksam machte und der auch seinen Fehler einsah – er tat es anschließend wieder.

Im Juni 1965 kam es gleich zu zwei Schreckmomenten für »Lotte Schwarz«. Am 23. des Monats meldete sie sich abends um 20 Uhr bei der Hauptabteilung Passkontrolle und Fahndung (HPF) des MfS am Bahnhof Friedrichstraße, gab ihren zweiten Decknamen »Friedel« und die Telefonnummer Eiserbecks an und bat, diesen anzurufen. Dies war nicht ungefährlich, denn jeder, der sie vielleicht ohnehin schon observierte, konnte nun leicht beobachten, wie sie ein Dienstzimmer des MfS aufsuchte. Gefährlich war in den Augen des MfS die Sache auch, weil ein GHI in einer solchen Lage auch durch eigene Leute dekonspiriert werden konnte – und das sollte unbedingt vermieden werden. Doch sie konnte gar nicht anders handeln. Kurras hatte ihr bei einem Treff zuvor eine Collegemappe mit Originaldokumenten in die Hand gedrückt, obwohl sie ihm sagte, dass sie damit nicht durch die Grenzkontrolle kommen werde. Er habe auf diese Unterlagen nur heute Zugriff, rechtfertigte er seine riskante Handlungsweise. Er übernehme die volle Verantwortung dafür – das nutzte Müller freilich wenig, denn sie musste ja durch die Grenzkontrolle, nicht er. Dort übergab sie das Material an den Leiter der HPF, der es an Eiserbeck weiterreichte. Um 23 Uhr trafen sich der Führungsoffizier und Charlotte Müller in deren Wohnung, um die Lage und vor allem die Rückgabe zu besprechen. Diese sollte am nächsten Morgen um 6.15 Uhr auf der gebogenen Treppe, die vom Nord-Süd-Bahnsteig des Bahnhofes Friedrichstraße hinunterführte, stattfinden. Im Gegensatz zu Müller wirkte »Bohl« laut Bericht sehr ruhig und sicher. Die Übergabe klappte problemlos, doch Eiserbeck tobte. Obwohl der GM in letzter Zeit ständig durch mündliche und schriftliche Mitteilungen darauf hingewiesen worden war, keine Unterlagen mitzunehmen, habe er sich entschlossen, sie zum Treff mitzubringen. Dieses Problem müsse im persönlichen Gespräch unbedingt ausgewertet werden. Es bestehe der Verdacht, dass sich der GM auf Grund der Bedeutung des Materials zu seinem Handeln habe verleiten lassen.

Von operativer Wichtigkeit war das Material, wie Eiserbeck festhielt, allemal.[26] Deshalb war er auch schon bald zumindest teilweise beschwichtigt. Nach dem bisherigen Stand könne festgestellt werden, dass die »Aktion den Umständen entsprechend gut verlaufen« sei. Ausdrücklich hielt er fest: »Der GHI und der GM haben in dieser Aktion Mut bewiesen. Trotz der gewissen Eigenmächtigkeit des GM muss auch diese Seite mit beurteilt werden«.[27] Zu seiner Beschwichtigung dürfte ebenfalls der ausdrückliche Dank der MfS-Leitung beigetragen haben. Die Unterlagen müssen in der Tat von größter Bedeutung gewesen sein, denn Eiserbeck sollte Kurras mitteilen, dass über sie nur der ihm bekannte Personenkreis und der unmittelbare Vorgesetzte Kenntnis hätten.[28] Eine Woche später wurde festgelegt, dass die Auswertung nicht in der Abteilung VII, sondern zentral vorgenommen werden solle. Um was für Material es sich handelte, geht aus den Berichten nicht hervor.

Zu einer noch schwierigeren Situation kam es zwei Monate später. Bei einem abendlichen Treff in einem Park an der Weddinger Seestraße überreichte Kurras seiner Kurierin zum Abschied einen blauen Beutel mit Materialien. Die verdutzte Frau lehnte ab, denn eine solche Übergabe widersprach allen konspirativen Grundsätzen. Normalerweise nahm sie nur so viel in Empfang, wie in ihren »Container« – eine eigens präparierte Handtasche mit Geheimfach – passte. Sie machte ihm Vorhaltungen, weil er so viele Originalunterlagen zum

Kopieren mitgebracht hatte, doch »Bohl« weigerte sich, sie zurückzunehmen. Er komme an die Sachen nur jetzt heran, weil ein Kollege in Urlaub sei. Er blieb hart, und so musste »Lotte Schwarz« den Beutel mitnehmen. Sie verabredeten sich für den kommenden Morgen um 6.45 Uhr auf dem Bahnhof Spandau West (heute Bahnhof Spandau) zur Rückgabe. So konnten die Unterlagen über Nacht beim MfS kopiert werden.[29] Zurück in Ost-Berlin rief Müller Eiserbeck an und informierte ihn. Am nächsten Morgen machte sie sich nach Spandau auf, doch nun gab es das nächste Problem. Aufgrund einer Verkehrsstörung im S-Bahn-Betrieb fuhren die Züge nur unregelmäßig und mit Verspätung. Sie schaffte es zwar fast pünktlich – aber Kurras tauchte nicht am Bahnsteig auf. Geplant war, dass beide den Zug benutzten, der um 6.57 Uhr aus Spandau abfuhr, und sie ihm unauffällig den Beutel zurückgeben sollte. Nun wartete sie zunächst und suchte ihn dann mit dem brisanten Material in der Tasche zunehmend verzweifelt in der Bahnhofshalle. Um 7.30 Uhr gab sie auf, fuhr zur Friedrichstraße zurück und meldete sich beim HPF, da sie aufgrund ihrer Fracht nicht durch die normale Kontrolle gehen konnte. Dort musste sie ihren Personalausweis vorzeigen und die Unterlagen in die Obhut des HPF geben. Dieser rief Eiserbeck an, der Müller abholte und nach Hause fuhr. Die im jahrelangen illegalen Kampf gegen die Nationalsozialisten erprobte 65-Jährige war völlig aufgelöst und »konnte die Ereignisse nicht im Zusammenhang schildern«.[30] Sie gab sich allein die Schuld an den Vorkommnissen, obwohl Kurras sie ja mit der nicht geplanten Übergabe ausgelöst hatte. »Ich bin schuld, wenn Bohl etwas passiert. Warum war ich nicht schon 20 Minuten früher als vereinbart am Treffort«, jammert sie, und Eiserbeck hatte Mühe, sie zu beruhigen. Eine solche Ratlosigkeit habe er bei ihr zum ersten Mal festgestellt, notierte er erstaunt. Bisher habe sie immer gut auf unvorhergesehene Ereignisse reagiert. Wahrscheinlich war das Verhalten Müllers Ausdruck ihrer großen Zuneigung zu Kurras, den sie in Gefahr wähnte. War er vielleicht enttarnt worden? Sie wusste es nicht, hielt das aber für möglich.

Drei Stunden später besuchte Eiserbeck sie erneut in ihrer Wohnung, um das weitere Vorgehen zu besprechen. Immerhin konnte sie sich jetzt wieder an die vereinbarten Ersatztreffs erinnern. Doch zum ersten am späten Nachmittag des selben Tages erschien Kurras erneut nicht, ebenso wenig wie am nächsten Morgen exakt 24 Stunden nach dem ersten fehlgeschlagenen Treff auf dem Spandauer Bahnhof. Der Termin war Kurras per einseitigem Funkverkehr mitgeteilt worden, ebenso wie ein weiterer Ersatztreff um 12 Uhr am selben Tag und selben Ort. Dort erschien Kurras dann endlich. In der Zwischenzeit hatte er aus Sicherheitsgründen seinen Container in der Wohnung – die Blumenkonsole – vernichtet und alles, was auf eine Zusammenarbeit mit dem MfS deuten könnte, außerhalb seiner Wohnung versteckt. Als sie sich nun endlich wieder gegenüberstanden, konnten sie nicht offen reden – Hannelore war dabei und ihr Mann machte die beiden Frauen bekannt. Auch das war ein schwerer Verstoß gegen die Konspiration, aber anders hätte Kurras nicht unverdächtig zum Treffort kommen können. Er werde um 18 Uhr Munition holen, berichtete er. Das war das Stichwort für einen erneuten Treff um diese Uhrzeit am selben Ort. Nachdem ihm Müller dort sechs Stunden später erleichtert das Material, das sie in der Zwischenzeit bei ihrer nichts ahnenden Schwester aufbewahrt hatte, wieder übereicht hatte, konnte er es während seines anschließenden Dienstes wieder dort deponieren, wo es hingehörte. Dass es mehr als 24 Stunden verschwunden war, hatte keiner seiner Kollegen bemerkt. Einmal mehr konnte Eiserbeck am Ende nur vermerken, dass mit »Otto Bohl« über sein Verhalten intensiv gesprochen werden müsse. Doch das nützte nichts. Kurras drängte auch Müllers Nachfolgerin »Margarete Winter« im

Laufe des Jahres 1966 Originalunterlagen auf, auch sie konnte sich gegen seine bestimmende Art nicht wehren. Wenn es um die Übergabe von Material gehe, sei er unvernünftig: »Er lässt dann kaum mit sich reden und sagt nur, ›es muss ein‹«, berichtete sie Eiserbeck Ende Mai. Der hatte schließlich die Nase voll und verbot Kurras ausdrücklich, weiterhin Originaldokumente zu übergeben.

# »Die singen ja wunderbar«

## Das Agentenpaar Weiß

Am Abend des 2. November 1965 hatte Kurras bei einem Treff wichtige Neuigkeiten für »Lotte Schwarz«. Er müsse am nächsten Morgen früh um sechs Uhr gemeinsam mit einem Kollegen einen gewissen Hans Weiß wegen »Verdachts auf landesverräterische Beziehungen« verhaften. Gleichzeitig werde die Observationsgruppe der Abteilung I mit zehn Mann anrücken, um eine Hausdurchsuchung durchzuführen. Kurras verfügte über alle Akten zu dem Vorgang und führte die Ermittlungen. Es war für ihn die große Bewährungsprobe: Jetzt konnte er beweisen, dass er mit der Verhaftung eines Agenten-Kollegen keine Probleme hatte und sie so pflichtbewusst durchzog, wie seine Vorgesetzten – und zwar die im Westen – das von ihm erwarteten. Da aber fast seine ganze Abteilung über die bevorstehende Verhaftung Bescheid wisse, sei es möglich, Weiß noch zu warnen, damit er abtauchen könne. Gesagt, getan. Nach dem Treff rief Charlotte Müller bei Weiß an. »Es ist etwas Grässliches geschehen«, sagte sie ihm. Mehr war nicht nötig. Weiß begriff sofort, worum es ging, nahm die Sache aber nicht besonders tragisch. Er gönnte sich sogar einen kleinen Witz, als er seiner Gesprächspartnerin mit Blick auf die wohl bevorstehende Untersuchungshaft sagte, dass er sich freue, weil er schon lange nicht mehr in fremden Betten geschlafen habe.[1]

Bei der Berliner Kriminalpolizei hatte Weiß bereits am 5. Mai 1945 angeheuert. Er war später Jahre lang bei der Dienststelle Kriminalkommissar vom Dienst (KKvD) der

Hans Weiß und seine Frau Irmgard hatten jahrelang die West-Berliner Kriminalpolizei ausspioniert – ihre Enttarnung war ein schwerer Schlag für das MfS.

Abteilung K gewesen. Das war eine Schlüsseldienststelle,
denn hier wurden sämtliche Festnahmen registriert, Fern-
schreiben losgeschickt und empfangen, der Funkverkehr geleitet und vieles mehr. 1960 war er zur Kriminalinspektion
Neukölln versetzt worden, wo er in verschiedenen Revier-
kriminalbüros Dienst versehen hatte.[2] Aus den Akten gehe
hervor, dass Hans Weiß ein alter Kommunist sei, teilte Kurras Charlotte Müller im Gespräch noch mit. Was er nicht
wusste: Sie kannte Weiß gut, denn neben »Otto Bohl« war
er unter dem Decknamen »Heinrich Schwarz« seit Jahren
ihr wichtigster Kontakt in der West-Berliner Polizei. Seine
Frau Irmgard (»Irmchen«) war zudem als Kurierin eingesetzt, und Kuras' Führungsoffizier Eiserbeck war seit 1962
auch der von Weiß.

Kurras ging zunächst davon aus, dass Weiß, der im Jahr
zuvor in Pension gegangen war, und seine Frau bald wieder

auf freiem Fuß sein würden, weil es keine Beweise gegen ihn gebe und die Vorwürfe nur auf Verdachtsmomenten beruhten. Eiserbeck wiederum schätzte das Ehepaar so ein, dass sie über ihre Arbeit schweigen und ihren Kontakt zum MfS nicht preisgeben würden. Doch die Verhaftung des Paares sollte ein schwerer Schlag für Ost-Berlin werden, denn beide täuschten sich. Weiß war eine absolute Topquelle gewesen, die offenbar noch mehr und bessere Informationen geliefert hatte als »Otto Bohl«. Und knapp zwei Wochen nach der Verhaftung musste dieser in einem verschlüsselten Brief, den er über die Deckadresse »Zentrum« schickte, an Eiserbeck berichten: »Wir haben jetzt zwei Vögel – Sittiche. Die singen ja wunderbar.«[3] Der Sinn war für den Mann vom MfS nicht schwer zu verstehen: Heinrich und Irmgard Weiß hatten zu reden begonnen.

Irmgard, die 1957 durch ihren Mann mit dem MfS in Berührung gekommen war und 1961 eine Verpflichtungserklärung als Geheimer Informant (GI) unterschrieben hatte, hatte in der Tat ein volles Geständnis abgelegt. Sie war krank und hatte ohnedies die Arbeit für das MfS nie mit Begeisterung betrieben – sondern in erster Linie, weil sie etwas Verbindendes mit ihrem Mann bedeutete. Denn die Ehe kriselte schon seit Jahren. Nachdem man ihr zugesichert hatte, sie werde im Falle eines Geständnisses bis Weihnachten aus der Untersuchungshaft entlassen werden, brach sie zusammen. Doch auch ihr Mann erwies sich nicht ganz als der schweigsame Held, den sich das MfS erhofft hatte. Wie sowohl die MfS-Einschätzungen als auch der Abschlussbericht der Staatsanwaltschaft hervorhoben, gab er allerdings nur das zu, was die Ermittler ihm ohnehin vorhielten. Diese Angaben trafen dann allerdings zum Ärger Eiserbecks fast immer die Tatsachen. Gleichwohl gestand er Weiß zu, dass er es den Vernehmern sehr schwer mache. »Jungs, ihr wisst, dass ich alter Kommunist bin, von mir erfahrt ihr nichts«,[4] hielt er seinen Vernehmern entgegen. Ideologisch blieb er standhaft. Er habe nur einen Wunsch, gemeinsam mit der Nationalen Volksarmee in West-Berlin einzumarschieren und die Brutstätte der Kapitalisten zu vernichten. Jahre später stünde nicht mehr das Schild der Abteilung I an der Hauswand, sondern das des MfS, gab er bei einer Vernehmung im September 1966 zum Besten.[5] Die Atmosphäre bei den Vernehmungen war gleichwohl offensichtlich entspannt – wozu »Bohl« beitragen konnte, denn er gehörte zu der dreiköpfigen Gruppe von Beamten der Abteilung I, die Weiß seine Geheimnisse zu entlocken versuchten.

Einen ersten Hinweis auf Weiß hatte es bereits im Jahre 1961 gegeben. Er hatte sich in der ersten Hälfte der fünfziger Jahre offen als Mitglied von KPD und SED bekannt, was ihn ohnehin verdächtig machte und sich als schweres Karrierehindernis herausstellen sollte. Die ersten Ermittlungen aber waren im Sande erlaufen. Dann gab es einen konkreteren Hinweis. Bei einer seiner langen Vernehmungen erinnerte sich der MfS-Überläufer Woithe im Herbst 1963 an einen GM »Ferdinand« und nannte auch dessen Klarnamen: Hans Weiß.[6] Darauf hätten die West-Berliner Sicherheitsbehörden freilich schon früher kommen können, denn Woithe war bereits zwei Jahre zuvor in den Westen geflüchtet und mit ihrer Hilfe im Saarland untergetaucht. Befragt wurde er aber erst jetzt. Ein schweres Versäumnis angesichts der Fülle an Material, das Weiß in dieser Zeit noch nach Ost-Berlin übermitteln konnte.

Woithe war von 1949 bis 1954 für das MfS in Potsdam, Abteilung VII, tätig gewesen. Dann hatte er den Dienst quittiert, sieben Jahre später war er in den Westen geflüchtet. Die Sicherheitsbehörden hatten ihn schließlich als vertrauenswürdig eingestuft, obwohl die Umstände seiner Flucht nicht wirklich geklärt waren. Er war abgetaucht und hatte eine neue Identität angenommen. Aus der Zeit während seines

MfS-Dienstes in Potsdam erinnerte er sich an einen Mann, den er gemeinsam mit rund 200 anderen Spionen 1951 von den »Freunden«, also dem sowjetischen Geheimdienst, übernommen hatte. Ein merkwürdiger Mann, fanden er und seine Kollegen. Er sei immer in sandfarbenen Sakkos herumgelaufen, sei ständig unangemeldet in der Potsdamer Dienststelle aufgetaucht und habe – oftmals gutes – Material aus der West-Berliner Polizei übergeben. Das war erstaunlich, weil er angab, arbeitslos zu sein. Die Leute vom MfS vermuteten damals, sein Bruder sei bei der Polizei und reiche die Unterlagen an ihn weiter. Dass er selbst Polizeibeamter war, erfuhren sie nicht. Was sie ebenfalls erstaunte, war, dass die russischen Kollegen den Informanten nach einem halben Jahr zurückforderten. Damit verschwand er wieder aus ihrem Blickfeld.[7] Merkwürdig war allerdings, dass Eiserbeck trotz Nachfrage bei den Kollegen in Potsdam im Archiv keine Daten zu »Ferdinand« fand. Möglicherweise waren diese in der Aufbauphase des Ministeriums vernichtet oder von den »Freunden« angefordert worden. 1954 hatte sich Weiß dann erneut beim MfS gemeldet, eine Verpflichtungserklärung unterschrieben und den Tarnnamen »Heinrich Schwarz« angenommen.

Nachdem Woithe 1963 ausgesagt hatte, begann die Observierung von Weiß, die mehr als zwei Jahre dauerte. Die Ermittler stießen noch auf einen weiten MfS-Überläufer, der inzwischen in Bremen lebte und von 1951 bis 1953 als Unterleutnant beim MfS gearbeitet hatte. Er konnte ebenfalls Hinweise auf die Frühzeit von Weiß' Tätigkeit geben. Zur Vernehmung wurde er unter größten Sicherheitsvorkehrungen nach Berlin eingeflogen – offenbar fürchtete man, einen irgendwie gearteten Anschlag auf ihn. Kurras war von den Ermittlungen unterrichtet (ab wann er beteiligt war, ist in der Akte nicht zu erkennen), und hatte auch schon einen Hinweis nach Ost-Berlin gegeben. Eiserbeck hatte daraufhin »Lotte Schwarz« in Gang gesetzt. Sie sollte Weiß klarmachen, dass er von nun an noch vorsichtiger sein müsse als ohnehin schon, und ihm auftragen, sein Funkgerät und die Unterlagen für das Geheimschreibverfahren im Garten zu vergraben. Den Vorschlag, Weiß und seine Frau nach Osten übersiedeln zu lassen, machte er erst gar nicht. Aus früheren Gesprächen wusste er, dass der als störrisch geltende Polizist, der von sich behauptete, am besten zu wissen, was für seine Sicherheit notwendig sei, einen Umzug nach Ost-Berlin strikt ablehnte. Er wollte auf keinen Fall sein Haus mit Gartengrundstück im bürgerlichen Stadtteil Lichtenrade aufgeben, obwohl das MfS ihm eine Entschädigung anbot. Das ist umso erstaunlicher, weil Weiß selbst anlässlich eines Trinkgelages im September 1964 mit einigen Ex-Kollegen von einem Oberkommissar – vermutlich aus der Abteilung I – von den Ermittlungen gegen ihn unterrichtet wurde.[8] Zu diesem Zeitpunkt hatte er sich gerade in den Ruhestand verabschiedet.

Nach mehr als zweijähriger Observierung, halbjährigen Vernehmungen und dem Anwachsen der Untersuchungsakte auf 1 000 Seiten war im April 1966 der Schlussbericht der Staatsanwaltschaft beim Kammergericht fertig.[9] Das Ergebnis konnte sich sehen lassen – der 60-jährige Hans Weiß war in den elf Jahren, in denen er für das MfS gearbeitet hatte, eine ständig sprudelnde Quelle gewesen. Er lieferte Informationen über mehrere hundert Festnahmen durch die Abteilung I, über Ermittlungsverfahren, polizeiliche Maßnahmen und Vorkommnisse aus der Polizeiarbeit. Dazu schickte er Skizzen von Polizeidienststellen und Protokolle von Dienstleiterbesprechungen nach Ost-Berlin. Er fertigte Charakteristiken von Polizeibeamten und Stimmungsberichte aus der Polizei an. Er habe mehrere Kripo-Kollegen der Gefahr ausgesetzt, aus politischen Gründen verfolgt zu werden, und eine Anzeige in Ost-Berlin gegen sechs höhere Kriminalbeamte aufgegeben, die »zu gegebener Zeit« verfolgt werden würde[10], warfen die Ermittler ihm vor. Als Grund für seine

Tätigkeit gab er neben seiner kommunistischen Überzeugung auch an, dass er wegen eben dieser bei Beförderungen nicht berücksichtigt worden war. Auch finanzielle Zuwendungen spielten eine Rolle. Zwar weigerte Weiß sich, Barzahlungen anzunehmen. Gegen regelmäßige Geschenke hatte er jedoch ebenso wenig etwas einzuwenden wie gegen das Bankkonto, das das MfS für ihn in den 1950er Jahren angelegt hatte und auf dem sich bei seiner Enttarnung immerhin 16 000 (DDR-) Mark angesammelt hatten. Die Treuhänderschaft dafür lag bei Charlotte Müller.

Nachdem Kurras ihm den Ermittlungsbericht überliefert und Eiserbeck ihn ausführlich gelesen und mit den eigenen Unterlagen verglichen hatte, kam der MfS-Mann zu dem Urteil, dass die von Weiß gelieferten Informationen und Materialien »in qualitativer und quantitativer Hinsicht einen noch größeren Umfang als im Schlussbericht ausgeführt« hatten.[11] Kurras und seine Kollegen hatten zwar viel über Weiß' Tätigkeit herausbekommen – aber längst nicht alles. Auch die Tarnnamen einiger hauptamtlicher Mitarbeiter der Abteilung VII – inklusive »Werner Schneider« alias Eiserbeck – brachten die Ermittlungen zu Tage. Allerdings waren »Peter Jordan« und »Kurt Schuman« schon aus einem Verfahren gegen mehrere Polizeibeamte wegen Landesverrates aus dem Jahre 1960 bekannt[12].

Die Enttarnung des Ehepaares Weiß hatte sowohl für Kurras als auch für Charlotte Müller Konsequenzen. Denn neben den Tarnnamen einiger anderer aktueller oder abgeschalteter GMs stießen die West-Berliner auch auf den Namen der Kurierin von Weiß aus Ost-Berlin. Der Tarnname lautete »Pummelchen«. Dahinter verbarg sich niemand anderes als Charlotte Müller, von der die Abteilung I nun nicht nur die Identität, sondern sogar die komplette Anschrift in der Christburger Straße in Prenzlauer Berg kannte. Die hatte Irmgard Weiß offenbar ausgeplaudert, denn sie war, was den konspirativen Regeln nicht entsprach, ein wenig mit Müller befreundet. Hans Weiß sollte man einen guten Anwalt besorgen, aber seine Frau sollte man umbringen, regte Kurras sich auf und belegte sie mit ausgesuchten Schimpfworten.[13] Auch Müller äußerte sich enttäuscht über das Agentenpaar.

Was beide – Kurras und Müller – bei ihrem Treff vom 3. November 1965, als er ihr von der bevorstehenden Verhaftung erzählte, nicht wussten: Es war ihr letztes Zusammentreffen. Sollten beide die heiligen Regeln der Konspiration eingehalten haben und Kurras nicht von der Stasi unbemerkt nach Ost-Berlin gefahren sein, um die alte Frau zu besuchen (wovon sich jedenfalls in den Akten nichts findet), haben sie sich nie wieder gesehen. Das war sicher für beide ein schwerer Schlag. »Lotte Schwarz« bat ihren Führungsoffizier, ihren langjährigen Kompagnon wieder treffen zu dürfen – doch der lehnte ab. Offenbar traute er ihr zu, dass ihre Zuneigung zu »Otto Bohl« größer sein könnte als ihr Bewusstsein für die Notwendigkeit der Konspiration oder schlicht ihre Vernunft. Anfang Dezember 1966 musste sie daher eine Erklärung unterschreiben, nach der sie alles tun werde, »damit der mir bekannte Otto Bohl in West-Berlin nicht gefährdet wird«.[14]

Auch ihre Schwester sah sie erst drei Jahre später wieder, als diese sie in Ost-Berlin besuchte. Denn Reisen in den Westen waren für Müller nun ein unkalkulierbares Risiko – zu groß war die Gefahr, entdeckt und verhaftet zu werden. »Lotte Schwarz« wurde als Kurierin abgeschaltet und ihr Gehalt gegen ihren Protest auf 250 Mark heruntergestuft. Die Abteilung I fahndete nach ihr und der BND suchte sie per Großfahndung in der Bundesrepublik, Österreich und den Niederlanden (wo sie sich mehrfach zu Treffen einstiger Insassen des KZ Ravensbrück aufgehalten hatte). Ihre Schwester wurde von der Abteilung I monatelang überwacht. Kurz nach der Verhaftung von Weiß wurde ihre Wohnung durch-

sucht. Man vermutete, dass sie etwas über die Agententätig-
keit ihrer Schwester wisse, doch nach einiger Zeit gaben die
Staatsschützer auf. Ganz offensichtlich war sie in keiner Weise in deren Machenschaften eingeweiht gewesen. Auch die
Hoffnung, Müller werde sich bei ihr melden oder sie gar besuchen, trog. Zeitweilig hatte sie rund um die Uhr »Betreu-
er« – die sich allerdings so ungeschickt anstellten, dass sie ihrer rasch gewahr wurde. Einmal, als sie nach Feierabend die
Straße betrat und einen Mitarbeiter der Abteilung I vor dem
Tor ihres Betriebes stehen sah, rief sie laut: »Seht mal, dort
steht ein Spitzel.« Daraufhin zog sich der Staatsschützer zurück.[15] Ein Ermittlungsverfahren wegen Landesverrats gegen
sie wurde bald eingestellt. Gleichwohl suchten Angehörige
der Abteilung I sie noch Jahre später regelmäßig auf, um von
ihr Informationen über ihre Schwester zu bekommen, wie sie
bei einem Besuch in Ost-Berlin 1969 berichtete.[16]

Kurras wurde eine neue Kurierin zugeteilt: Margarete Jahnke alias »Margarete Winter«.[17] Sie sollte nur für eine Über-
gangszeit zum Einsatz kommen, doch Eiserbeck fand keinen
Ersatz und so wurde »Winter« immer wieder für die Treffs
herangezogen, bis schließlich »Otto Bohl« selbst abgeschaltet wurde. Sie erledigte ihre Aufgaben offenbar zufriedenstellend. Ausdrücklich wurde ihr aufgetragen, die Treffen mit
Kurras kurz zu halten und nur unpersönliche Gespräche zu
führen. Sie übergab ihm bei den Treffen in Cafés wie »Trude« schriftliche Befehle, die Kurras auf der Toilette las und
anschließend vernichtete. Ihre Führungsleute hatten sicher
die Furcht, lange Treffs könnten verräterisch wirken, ebenso
sicher wollten sie aber auch vermeiden, dass sich zwischen
Kurras und ihr ein ähnlich enges Verhältnis entwickelte wie
zwischen ihm und Charlotte Müller. Sie erfuhr auch nicht,
wer ihr Treffpartner war und an welcher Stelle er für das
MfS arbeitete. Sie kannte ihn nur unter dem Namen »Karl«.
Wahrscheinlich läuteten bei Eiserbeck die Alarmglocken, als

»Winter« ihm erzählte, dass Kurras »ein intelligenter Mensch ist und sein Verhalten sehr ruhig und sicher erscheint«. »Winter« habe von ihm eine sehr hohe Meinung und bewundere ihn im Stillen«, notierte Eiserbeck.[18]

Für Kurras brachen nach der Enttarnung von Weiß härtere Zeiten an. Die Sicherheitsüberprüfungen wurden verschärft. Aus Furcht, entdeckt zu werden, legte er sogar bei seinem nächsten Ausflug nach Ost-Berlin im Januar 1966 eine Verkleidung an, wie man sie aus Spionagefilmen kennt. Er hatte bei einem Trödler eine Brille mit starken Gläsern erstanden, dazu eine Cordmütze und einen Anorak gekauft. Die Sachen hatte er im Keller versteckt. Bevor er sich auf den Weg machte, begab er sich dorthin, setzte Brille und Mütze auf und tauschte seine normale Jacke gegen den Anorak. Das war jedoch nicht ohne Risiko, denn seine Frau hätte ihrem Mann nur zufällig aus dem Fenster nachblicken müssen – schon wäre ihr die Verwandlung aufgefallen. Eiserbeck schrieb daher auch einen kritischen Kommentar an den Rand des Berichts von »Margarete Winter«. Als er aus Ost-Berlin zurückkam vernichtete Kurras Brille und Mütze. Den Anorak wollte er wieder verkaufen.[19]

Ost-Berlin stelle auch aus Furcht vor einer Überwachung den Funkverkehr für mehr als eineinhalb Jahre ein. Gefährlicher war, dass jeder Angehörige der Abteilung I als potenzieller Verräter überwacht wurde, denn irgendein Eingeweihter hatte Weiß ja gewarnt – und der hatte das ausgeplaudert. Diesen Verräter wollte die Leitung der Abteilung unbedingt finden. Jeder Beamte der Abteilung I musste also bei den Chefs antreten und ein Alibi für den Abend des 2. November beibringen. Dummerweise hatte Kurras keins, weil er den Abend alleine verbracht hatte. Doch ein Zufall kam ihm zu Hilfe, denn ein Kollege, den er am Abend zuvor getroffen hatte, verwechselte die beiden Daten und gab ihm so ein falsches Alibi. Vorsichtshalber vernichtete er dennoch alle

Unterlagen, die er zu Hause besaß. In den nächsten Wochen wurden zwölf Kollegen der Abteilung I überwacht – darunter auch Kuras. Für ihn waren die Bewacher leicht zu identifizieren. Er beschwerte sich darüber bei seinem Chef, Kriminalhauptkommissar Geisler. Allerdings regte ihn offenbar die schlechte Arbeit der Kollegen mindestens genauso auf wie die Tatsache der Überwachung selbst.[20]

Die Suche nach dem Verräter, der Weiß am Vorabend der Verhaftung gewarnt hatte, beschäftigte die Kripo noch lange. Mehrere Personen gerieten in Verdacht, zum Beispiel eine Sekretärin, die aus unerfindlichen Gründen abgetaucht war. Dieser Verdacht durfte allerdings nicht publik gemacht werden, da sie eng mit einem hohen Offizier der Kriminalpolizei zusammengearbeitet hatte. Selbst die Leiter der Abteilung I gerieten in Verdacht.[21] »Jeder misstraut jedem«, gab Kurras Ende Februar 1967 – also fast eineinhalb Jahre nach der Enttarnung von Weiß – nach Ost-Berlin weiter. Es war bereits kurz nach der Verhaftung von Weiß zu einer merkwürdigen Situation gekommen. Als die Mitglieder der Abteilung abends in einer Kneipe feuchtfröhlich ihren Erfolg feierten, fragte einer der Kollegen ihren Chef (vermutlich dürfte es sich um Geisler handeln, doch der Name ist in der Akte geschwärzt), wo er eigentlich am Vorabend der Verhaftung gewesen sei. Alle Kollegen hätten ein Alibi anbringen müssen, nur er nicht. Daraufhin begann der Mann zu stottern und lenkte das Gespräch rasch auf ein anderes Thema. Ein Alibi nannte er nicht.[22]

Hans Weiß wurde zu einer mehr als fünfjährigen Freiheitsstrafe verurteilt, seine Frau zu neun Monaten auf Bewährung. Lange musste er aber nicht im Gefängnis darben. Über den bekannten Ost-Berliner Rechtsanwalt Wolfgang Vogel, der Experte in Sachen Häftlingstausch war, wurde Weiß schon kurz nach der Verurteilung im Dezember 1966 dorthin gebracht, wo er nie hatte leben wollen: nach Ost-Berlin[23]. Da

Eiserbeck davon ausging, dass Weiß und Müller dort Kontakt aufnehmen würden, musste Müller in der erwähnten Erklärung, die sie just an diesen Tag schrieb, auch zusichern, ihm nichts über Kurras zu berichten.

Federführend für die Aktion war auf West-Berliner Seite der Erste Staatsanwalt beim Kammergericht, Karl-Heinz Dobbert. Er hatte sich bereits vor dem Urteilsspruch für die Abschiebung ein- und den Vorschlag auch durchgesetzt. Nach seinem Plan wollte er Weiß persönlich in seinem Dienstwagen vom Zuchthaus Tegel abholen. Anschließend würden beide alleine mit der S-Bahn vom Bahnhof Lehrter Straße zum Bahnhof Friedrichstraße fahren, dort auf Vogel treffen und die Übergabe vollziehen.[24] Die ganze Sache sorgte für große Empörung unter den Kollegen der Abteilung I, die viel Mühe in die Enttarnung des Spions investiert hatten. Zudem waren sie sehr erstaunt darüber, dass ausgerechnet der Vertreter der Anklage die Sache durchführen sollte. Musste nicht sein Bestreben sein, den Verurteilten gerade nicht auf freiem Fuß, sondern hinter Schloss und Riegel zu sehen?

Prompt wurde gemutmaßt, es sei der 63-jährige Dobbert gewesen, der Weiß von dessen bevorstehender Verhaftung in Kenntnis gesetzt habe. Ein halbes Jahr später tauchte sogar der Verdacht auf, der begeisterte Briefmarkensammler, der seit 1960 sein Amt als Erster Staatsanwalt innehatte, könne direkt für das MfS arbeiten. Nach der Verhaftung eines als Spion verdächtigten Polizeibeamten im April 1967 übernahm die Generalstaatsanwaltschaft Karlsruhe den Fall – nicht wie üblich die Kollegen am Kammergericht in Berlin. Das führte allseits zu Verwunderung und in der Abteilung I schloss man daraus, dass gegenüber Dobbert ein Misstrauen bestehe, »da er seine Hände weitgehend in MfS-Sachen im Spiel hat«.[25] Der Bericht »Bohls« ging bei Eiserbeck am 2. Juni 1967 ein – es war der letzte, den Kurras als MfS-Agent absetzte. In diesem Fall war die zuständige Abteilung XXI allerdings bereits über die Sache informiert, wie Eiserbeck sechs Tage später handgeschrieben auf dem Blatt notierte. Über Dobbert finden sich keine weiteren Berichte in der Kurras-Akte, die ja unmittelbar danach geschlossen wurde. Es ist aber keineswegs ausgeschlossen, dass sich in anderen, bislang nicht bearbeiteten Akten Hinweise befinden. Genauso gut ist aber auch möglich, dass Dobbert trotz der widrigen Umstände einfach nur um einen guten Kontakt zur anderen Seite bemüht war. Die Berliner Staatsanwaltschaft sammelte Beweise gegen ehemalige Mitarbeiter des NS-Reichssicherheitshauptamtes – dazu brauchte sie die Unterstützung der Justiz in Ost-Berlin, weil dort viele Unterlagen lagerten.

# »Wer mich angreift, wird vernichtet«

## Karl-Heinz Kurras, Benno Ohnesorg und die Stasi

Genosse Eiserbeck dürfte sich ein wenig gewundert haben, dass »Otto Bohl« sich noch nicht gemeldet hatte. Immerhin war ganz West-Berlin in Aufruhr, seit am Abend des 2. Juni 1967 ein Polizeibeamter während einer Demonstration gegen den persischen Schah Mohammed Resa Pahlewi den Demonstranten Benno Ohnesorg erschossen hatte. Es war bereits am Vormittag vor dem Rathaus Schöneberg zu ersten Auseinandersetzungen gekommen, als vom persischen Geheimdienst gestellte »Demonstranten« – »Jubelperser« genannt – auf richtige Protestierer und Schaulustige eingeprügelt hatten und die Polizei nicht eingeschritten war. Als am Abend der Diktator mit seiner Gattin Farah Diba in der Deutschen Oper in Charlottenburg der »Zauberflöte« lauschte, kam es vor dem Gebäude zu erneuten Demonstrationen. Diesmal hielt sich die Polizei nicht zurück, sondern ging hart gegen die zumeist jüngeren Protestierer vor. Sie hatte ein »Hamburger Gitter« eingerichtet, das einen schmalen Weg vor einem Bauzaun abriegelte, auf dem sich die Demonstranten versammelt hatten. Als der Mercedes des Gastes angerollt kam, ertönte der Ruf »Mörder, Mörder«, es flogen Eier und Tomaten durch die Luft. Die Polizei startete daraufhin – ohne vorher zur Räumung aufgefordert zu haben – einen Großangriff auf die Demonstranten. Der Publizist Sebastian Haffner schilderte, dass Polizeibeamte die Menschen »eingekesselt, zusammengedrängt und dann auf die Wehrlosen, übereinander Stolpernden, Stürzenden mit hemmungsloser Bestialität« eingeknüppelt und eingetrampelt hätten. Polizeipräsident Duensing beschrieb die Taktik der Polizei am folgenden Tag so: »Nehmen wir die Demonstranten als eine Leberwurst, nicht wahr, dann müssen wir in die Mitte hineinstechen, damit sie an den Ende auseinanderplatzt.«

Die Leberwurst platzte tatsächlich. Viele Demonstranten flüchteten an den Seiten auf die Straße, eine ganze Reihe von ihnen auf einen Parkplatz in der Krummen Straße. Greiftrupps der Polizei machten sich auf, um die »Anführer« zu jagen. Der 26-jährige Student Benno Ohnesorg und seine Frau hatten die Ereignisse beobachtet. Während sie nach Hause ging, wollte der junge Mann sich die Ereignisse auf dem Parkplatz anschauen. Dort traf er auf einen Polizeibeamten, der zu den Greiftrupps gehörte und einen braunen Zivilanzug trug: Karl-Heinz Kurras. Was dann im Tumult geschah, wurde nie zweifelsfrei geklärt. Unbestritten ist aber, dass Kurras aus einer Entfernung von weniger als einem Meter auf den Hinterkopf Ohnesorgs schoss und dieser kurz darauf starb. Kurras behauptete später, er habe in Notwehr gehandelt, weil er »Messer aufblitzen« gesehen und sich bedroht gefühlt habe. Dann sei ihm aus Versehen ein Schuss losgegangen. Diese Schilderung gehört nach allen vorliegenden Erkenntnissen wohl ins Reich der Märchen.[1]

Eiserbeck, der von diesen Details noch nichts ahnte, konnte zunächst ganz zufrieden sein mit der Situation, die sich durch den Tod des mehr oder weniger unbeteiligten und auf jeden Fall friedlichen Studenten Ohnesorg nun erst richtig anheizte. Es war, wie wir heute wissen, der Startschuss für die 68er-Bewegung ebenso wie für die »Rote Armee-Fraktion« (RAF). Das konnte sich Genosse Eiserbeck zu dieser Zeit natürlich überhaupt nicht vorstellen. Er registrierte vermutlich erfreut, wie sich das politische System West-Berlins ganz ohne Zutun des Ostens selbst destabilisierte. Er wusste, dass Kurras bei dem Einsatz dabei gewesen war, weil die-

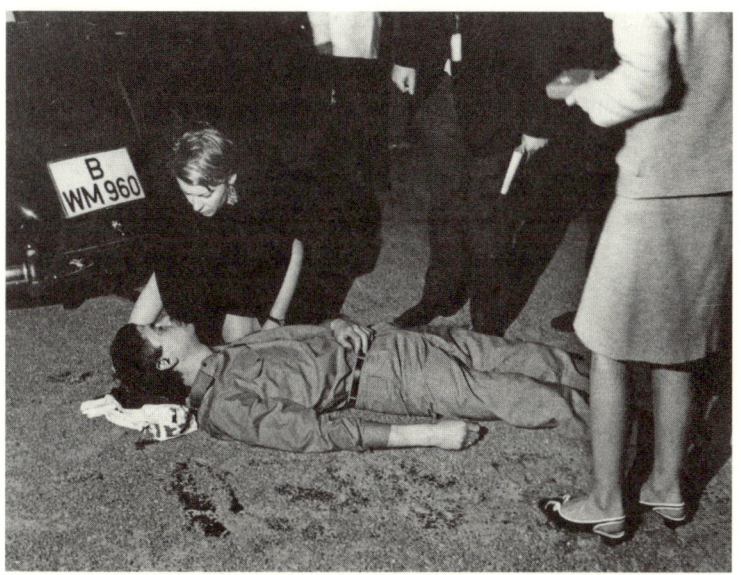

Am 2. Juni 1967 erschoss Kurras den Studenten Benno Ohnesorg – bis heute bleiben Fragen und Ungereimtheiten.

ser das MfS gut zwei Wochen vorher über die Planungen für den Schah-Besuch informiert hatte. Aber zweifellos wird er es merkwürdig gefunden haben, dass von seinem fleißigen und so beflissenen Mann in West-Berlin auch nach mehreren Tagen immer noch keine Nachricht über die internen Auswirkungen des Todesschusses auf die Polizei gekommen war. Der Name des Polizisten, der den Studenten erschossen hatte, wurde zunächst nicht genannt. Am 8. Juni aber berichteten die westdeutschen Zeitungen und das »Neue Deutschland« schließlich, dass der »Mörder« von Benno Ohnesorg Karl-Heinz Kurras heiße. Der Name war am Nachmittag zuvor von der Polizei bekannt gegeben worden.

Nun war Eiserbeck natürlich schlagartig klar, warum »Otto Bohl« sich nicht gemeldet hatte. Sofort setzte er sich hin und verfasste einen Auskunftsbericht mit den Daten über Kurras und einer Einschätzung; am 9. Juni folgte eine »Ergänzung« zu dem Bericht.[2] Die Ereignisse vom 2. Juni waren in der West-Berliner Presse das Thema überhaupt, und auch die westdeutschen Zeitungen widmeten sich der Sache ausführlich.

Aus der Akte, die rund um die Ereignisse des 2. Juni vom MfS deutlich ausgedünnt wurde,[3] ist zu rekonstruieren, dass Eiserbeck schließlich am 10. oder 11. Juni per Funk Kontakt zu Kurras aufnahm. »Material sofort vernichten. Vorerst Arbeit einstellen. Nach Abschluss der Untersuchungen selbstständig melden. Betrachten Ereignis als bedauerlichen Unglücksfall«, übermittelte er. Die Antwort kam prompt: »Zum Teil verstanden – Alles vernichtet – Treff bei Trude jetzt – fünfzehnten – Benötige Geld für Anwalt.« Eiserbeck hatte ihn also aufgefordert die Minox-Kamera, das Funkgerät und das Chiffrier-Material zu beseitigen. Geplant war ein Treff im Café Schleusenkrug (»Trude«) am 17. Juni (nach der letzten Vereinbarung war der tatsächliche Termin immer zwei Tage nach dem angegebenen). Ob es zu diesem Treff – vermutlich war »Winter« als Kurierin vorgesehen – gekommen ist, geht aus dem vorliegenden Aktenmaterial nicht eindeutig hervor. Wenn es ihn gegeben haben sollte, so ist der Bericht darüber vermutlich bereits vom MfS selbst beseitigt worden. Dagegen spricht indes, dass Kurras an diesem Tag einen ungewöhnlich langen Funkspruch mit 1 000 Zeichen absetzte – wäre es zu einem Treff gekommen, hätte es dieses Funkspruchs eigentlich nicht bedurft. Was Kurras funkte, wissen wir nicht. Das MfS entsorgte den dechiffrierten Text aus der Akte.

Am 22. Juni legte der Leiter der Abteilung VII, Hauptmann Erhardt, einen weiteren Auskunftsbericht an.[4] Es wurde festgelegt, dass der Kontakt »vorläufig« aus Gründen der Konspiration und der Sicherheit abgebrochen werden sollte.[5] Der Grund liegt auf der Hand: Es hätte den aus MfS-Sicht erfreulichen Unruhe-Effekt erheblich geschmälert, wäre damals schon herausgekommen, dass Kurras ein Stasi-Spion

Verwaltung                          Berlin, den 9. Juni 1967
für Staatssicherheit Groß-Berlin    Eis./Fr.

### 1. Ergänzung zum Auskunftsbericht vom 8. Juni 1967

Durch die Presse wurde der Name des Schützen bekannt, der
auf den Westberliner Studenten Benno   O h n e s o r g
den tödlichen Schuß abgab.
Wie aus der Westpresse zu entnehmen ist, bestätigt der
Westberliner Kriminalobermeister die Anwendung der Schußwaffe.

Im Auftrage des *Kurras* hat der Westberliner Rechtsanwalt
███████████ Strafantrag gegen Unbekannt wegen
erfolgloser Anstiftung zum Mord, versuchten Mordes, Nötigung,
Freiheitsberaubung sowie gefährlicher und gemeingefährlicher
Körperverletzung erstattet. Des weiteren wird die Strafan-
zeige auf Beleidigung und üble Nachrede ausgedehnt.

Wie aus dem Auskunftsbericht und der 1. Ergänzung vom 8. Juni
1967 zu ersehen ist, handelt es sich bei dem Westberliner
Kriminalobermeister *Kurras, Karl-Heinz* um den GM
„*Otto Bohl*".

Es ist zur Zeit noch schwer zu verstehen, wie dieser GM eine
solche Handlung, auch wenn im Affekt oder durch Fahrlässigkeit hervorgerufen, begehen konnte, da sie doch ein Verbrechen
darstellt.

Der GM ist sehr verliebt in Waffen und hat einen übermäßigen
Hang zum Uniformtragen und für den Polizeidienst. Dabei
spielt seine bürgerliche Erziehung, die in jungen Jahren
erfolgte sowie die Beeinflussung durch die faschistische
Ideologie eine große Rolle.
Der Vater des GM war ███████████████ und auf diese
Weise kam der Sohn bereits im Kindesalter mit Uniform
und Waffen in Berührung.

- 2 -

Kurras Führungsoffizier gab sich ratlos: »Es ist zur Zeit noch schwer zu verstehen,
wie dieser GM eine solche Handlung (...) begehen konnte.«

war. Und einmal abgesehen davon, dass es in der gegenseitigen Propagandaschlacht immer misslich war, wenn ein eigener Spion in den gegnerischen Reihen aufflog, hatte man beim MfS offenbar zu dieser Zeit noch nicht die Absicht, eine solche Topquelle wie »Otto Bohl« einfach aufzugeben. Allerdings wurde er vom Dienst suspendiert und verlor damit zumindest vorerst an Wert für die Ost-Berliner Seite. Dass die ganze Angelegenheit einen schweren Schlag für die Informationsarbeit des MfS darstellte, war natürlich sofort klar.

Es wird seit Kurras' Enttarnung spekuliert, ob er womöglich im Auftrag des MfS gehandelt habe, als er Ohnesorg erschoss. Vielleicht – so die Vermutung – gab es ja nicht gerade einen Befehl zum Erschießen eines Demonstranten, wohl aber zur weiteren Aufheizung der ohnehin schon angespannten Situation durch eine irgendwie geartete Tat? Hatte er schließlich nicht selbst einst behauptet, »Verräter« wie Irmgard Weiß oder die Fluchthelfer müsse man umbringen? Im vorliegenden Aktenmaterial findet sich für die Auftragsthese jedoch absolut kein Hinweis. Intern wurde Kurras genauso wie in den DDR-Medien, die sich dem Fall natürlich ausführlich widmeten, sofort als »Mörder« bezeichnet. Und aus den Worten Eiserbecks vom 9. Juni sprach ehrliche Ratlosigkeit: »Es ist zur Zeit noch schwer zu verstehen, wie dieser GM eine solche Handlung, auch wenn im Affekt oder durch Fahrlässigkeit hervorgerufen, begehen konnte, da sie doch ein Verbrechen darstellt«.[6] Unglaubwürdig daran wirkte bestenfalls die Kritik eines »Verbrechens« – schließlich hatte gerade das MfS selbst keine Hemmungen, Verbrechen wie Morde und Entführungen zu begehen, wenn es in seinem Interesse lag.

Der Tod eines Studenten bei einer Demonstration gegen einen Diktator, ausgelöst durch einen Repräsentanten der »imperialistisch-faschistischen« Bundesrepublik lag zweifellos im Interesse des MfS. Es wäre aber einfach dumm gewesen, für einen solchen einmaligen Effekt eine Topquelle wie »Otto Bohl« zu gefährden. Das musste gerade ein Mann wie Eiserbeck, bei dem zwischen den Zeilen seiner Berichte immer wieder Vorsicht und Überlegung heraus schimmerten, so sehen. Möglich wäre allerdings, dass Kurras glaubte, im Sinne des MfS zu handeln, als er schoss. Eiserbeck hatte ihm mehrmals aufgetragen, sich politisch konform zu verhalten, um nicht aufzufallen und in den Augen seiner Vorgesetzten das Bild eines eifrigen Polizeibeamten abzugeben. Konform war es zweifellos, am 2. Juni mitzumachen und bei dem übermäßig harten Einsatz auf Protestierer einzuprügeln. Das lag ganz offenbar im Sinne der Polizeiführung und spiegelte eine aggressive Haltung in den Reihen der beteiligten Polizeibeamten wieder.

Zudem gab es eine Reihe von Zufällen und Merkwürdigkeiten, die den Beobachter dazu verleiten können, eine – wie auch immer geartete – Auftragstat nicht gänzlich auszuschließen. So war beispielsweise der Fotograf, der das berühmte Foto des am Boden liegenden, tödlich getroffenen Benno Ohnesorgs schoss, just von der Zeitung »Wahrheit« – dem Organ der West-Berliner SED. Dass es Kontakte der Redaktion zum MfS gab, steht außer Zweifel. Weiter: Nach den Ermittlungsakten der Staatsanwaltschaft drängte Kurras Minuten nach dem Schuss darauf, allein mit seinem Einsatzleiter Helmut Starke unter vier Augen zu sprechen. Einen Kollegen, der ihn begleitete, schickte er weg. Warum? Bestand vielleicht ein Zusammenhang mit der Tatsache, dass Starke seit kurzem massiv vom MfS beworben wurde? Der damals zuständige Offizier der Abteilung VIII sagte zwar im Juni 2009 aus, dass seine Abteilung Starke letztlich nicht anwerben konnte, schloss aber nicht aus, dass dies durch eine andere Abteilung geschehen sei.[7] Die zuständige Abteilung wäre die VII gewesen, für die auch Kurras arbeitete. Da dieser ständig auf der Suche nach potenziellen GM war, hätte er über den Vorgang unterrichtet sein können. Möglicherweise hatte er seinen Chef selbst vorgeschlagen. Sah er in ihm also einen Gesinnungsgenossen und wollte deshalb mit ihm reden? Starke sagte später im Prozess gegen Kurras aus, dass er den Schuss, durch den Ohnesorg getötet worden war, nicht gehört habe, und stützte damit seinen Untergebenen. Hing das ausschließlich mit Loyalität zusammen oder auch damit, dass er nach dem 2. Juni massiv vom MfS unter Druck gesetzt wurde und »mehrere Drohbriefe« bekam, wie sich seine Schwester erinnert? Starke selbst kann keine Auskunft mehr geben – er starb 1995.

Noch eine weitere merkwürdige Begebenheit geht aus den Prozessakten hervor. Der Maschinist Herbert Dieters berichtete am Abend des 2. Juni, dass er in der Kantstraße (in unmittelbarer Nähe zum Tatort in der Krummen Straße) gegen 20.50 Uhr beobachtet habe, wie vier Männer auf einen fünften auf der Straße lautstark eingeredet hätten. »Was hast du gemacht«, hätten sie ihn immer wieder gefragt. Zudem sei von einem Ausweis die Rede gewesen. Daraufhin habe der Mann einen Ausweis aus der Anzugtasche geholt und ihn den anderen übergeben. Dabei sei eine Schusswaffe auf den Bürgersteig gefallen. Dieser Mann habe einen braunen Anzug getragen – genau wie Karl-Heinz Kurras (was Dieters zumindest zum Zeitpunkt seiner Meldung nicht wissen konnte). Vier Tage später meldete sich Dieters nochmals bei der Polizei und gab erneut an, die vier Männer hätten ständig von einem Ausweis gesprochen. Die Sache lässt Raum für Spekulationen: Traf sich hier vielleicht Karl-Heinz Kurras mit GM-Kollegen oder MfS-Leuten? Übergab er ihnen seinen DDR-Ausweis oder sein SED-Mitgliedsbuch, weil er es bei sich trug und die Möglichkeit bestand, dass es entdeckt würde? Entsorgte er auf diese Weise auch das Magazin seiner Pistole, das nie gefunden wurde?

Weitere Fragen stellen sich: Warum war ausgerechnet der

Medizinalassistent Alfred Mentschel kurz nach dem Schuss am Tatort? Er hatte seine Frau, eine Tänzerin, aus der Oper abgeholt – nur warum trug er dann eine Arzttasche bei sich, in der sich all jene Utensilien befanden, die man für solch einen Notfall wie den folgenden benötigte? Er war, wie anhand eines Abzeichens an seiner Jacke ersichtlich, Mitglied der »Fédération International Résistance«, einer kommunistisch beeinflussten Organisation. Als ein Polizeibeamter ihn nicht zu Ohnesorg vorlassen wollte, beschwerte er sich, dass er in der DDR, wo er eine lange Zeit gelebt habe, als Arzt anerkannt worden sei. Einmal abgesehen davon, dass es ein Unding war, ihn nicht dem mit dem Tode ringenden Studenten helfen zu lassen – war es purer Zufall, dass Mentschel just zu dieser Zeit an diesem Ort war? Und warum beseitigte ein Arzt im Krankenhaus, in das Ohnesorg mit großer Verspätung gebracht worden war, den Teil der Schädeldecke, in dem sich das Einschussloch befand, nachdem dieser völlig unüblicherweise herausgeschnitten worden war?

Schließlich ist es durchaus möglich, dass das MfS versuchte, Einfluss auf den Prozess zu nehmen – zum Beispiel über andere GMs, die an dem Abend in der Nähe des Tatortes im Einsatz waren und instruiert wurden, zugunsten von Kurras auszusagen. Denn das MfS hielt drei Monate vor Prozessbeginn die Anklageschrift in Händen und hätte so gezielt GMs schulen können. Auch die Hintergründe dieses Vorgangs sind mysteriös. Am 6. August 1967, also gut zwei Monate nach dem Tod Ohnesorgs, fuhr gegen elf Uhr vormittags an der Grenzübergangsstelle Drewitz ein schwarzer Mercedes vor, dessen Kennzeichen ihn als Wagen des West-Berliner Senats auswies. Er wurde von Angehörigen der Zollverwaltung gestoppt, der Fahrer befragt und die Dokumente, die sich im Auto befanden, währenddessen heimlich kopiert. Die Kontrolleure staunten nicht schlecht, als sie sahen, was sie in Händen hielten: die Anklageschrift gegen Kurras. Die Befragung des Fahrers ergab, dass er die Unterlagen aus der Wohnung des Generalstaatsanwaltes Hans Günther (dem zweiten neben Dobbert) geholt habe und ihm, der sich in Bielefeld aufhalte, überbringen solle. Das war sehr ungewöhnlich, denn solcherart amtliche Dokumente wurden normalerweise ausschließlich per Flugzeug von West-Berlin in die Bundesrepublik gebracht – eben, damit sie nicht den DDR-Behörden in die Hände fielen. Handelte es sich also um pure Gedankenlosigkeit Günthers? Oder steckte Absicht dahinter? Wenn jemand gewollt hätte, dass die Stasi praktisch unbemerkt an die Unterlagen kam, wäre dies der beste, weil unauffälligste Weg gewesen. Aber was hätte der Grund für eine solche Absicht sein können? Die heimliche Gegenleistung für etwas, was man zu dieser Zeit gerne von Ost-Berlin haben wollte, zum Beispiel Unterlagen über ehemalige Mitarbeiter des Reichssicherheitshauptamtes im Dritten Reich? Darüber hatte Günther mit seinem Ost-Berliner Gegenüber in Kontakt gestanden.

Das alles sind nur Spekulationen. Doch es kann nicht verboten sein, diese und andere Merkwürdigkeiten in dem Verfahren gegen Kurras mit dem jetzt zu Tage getretenen Wissen um seine Tätigkeit für das MfS neu zu überdenken und zu durchleuchten. Weil seine Kollegen, die Gewerkschaft der Polizei und die Berliner Politiker damals dieses Wissen nicht hatten, erhielt Kurras in der Zeit nach dem 2. Juni viel Unterstützung von dieser Seite. Für sie galt es, einen der ihren gegen die aufkommende Studentenbewegung zu schützen. In zwei Prozessen wurde Kurras aus Mangel an Beweisen freigesprochen. Der Bundesgerichtshof hatte zwar den ersten Prozess zur Revision zugelassen, doch die »Mauer« der Zeugen stand, und die Antwort auf die Frage, ob hier Polizei und Politik im Westen und das MfS im Osten gewissermaßen Hand in Hand zusammenarbeiteten (ohne dass die Stellen im Westen das ahnten), könnte ungemein spannend sein. Das

Kurras konnte sich der Solidarität seiner West-Berliner Kollegen sicher sein –
von seinem Doppelleben ahnte niemand etwas.

MfS ließ Kurras jedenfalls fallen wie eine heiße Kartoffel, und
in den DDR-Medien wurde er als »Mörder« und als Vertreter des faschistoiden Westens dargestellt. Das muss Kurras,
der doch aus Überzeugung für den Osten spioniert hatte, ungemein verletzt haben. Erstaunlicherweise wurde er nicht aus
der Partei ausgeschlossen. Dafür reichte der Todesschuss auf
Benno Ohnesorg offenbar nicht aus. Die Abteilung VII der
Berliner MfS-Verwaltung, die bisher seine Mitgliedsbeiträge
gezahlt hatte, stellte diese Zahlungen allerdings ein. Andererseits ist es durchaus möglich, dass Kurras Verständnis für die
Zwangslage des MfS aufgebracht hat. Wäre zu dieser Zeit
herausgekommen, dass er für Ost-Berlin spioniert hatte, hätte das die aus SED-Sicht begrüßenswerten Studentenproteste
gegen das westdeutsche »System« zweifellos beeinträchtigt.
   Die kommenden Jahre bis 1971 hätte Kurras ohnedies keinen Wert für das MfS gehabt, da er vom Dienst solange sus-

pendiert wurde, bis das Verfahren wegen des Tods von Ohnesorg beendet war. Erst 1971 konnte er wieder seine Arbeit aufnehmen, nun allerdings bei der Kfz-Fahndung. Später wurde er sogar erst zum Kommissar, dann zum Oberkommissar befördert. Doch in der ersten Zeit nach den Ereignissen des 2. Juni durchlebte Karl-Heinz Kurras, der einst so selbstsichere Polizeibeamte, zweifellos eine schwere Zeit. Seine Frau Hannelore spielte ernsthaft mit dem Gedanken, sich von ihm zu trennen: »Nach dem Tod von Benno Ohnesorg konnte ich nicht mehr klar denken. Ich war fix und fertig, wollte mich trennen. Aber wie hätte das denn ausgesehen?«[8] Sie blieb. Kinder aber wollte sie nun nicht mehr von ihm haben. Kurras flüchtete sich anscheinend in den Alkohol, wurde einmal auf einer Parkbank betrunken aufgegriffen und bekam es mit den Kollegen von der Polizei zu tun, weil er angeblich ein zehnjähriges Mädchen belästigt hatte.

Natürlich wussten alle Kollegen in der Kfz-Fahndung, um wen es sich bei dem neuen Mann handelte. Kurras war ja eine Berühmtheit, wenn auch eine traurige. Man habe eine innerdienstliche Beschäftigung für ihn finden müssen, erinnert sich der ehemalige Polizeipräsident Klaus Hübner. Seine neuen Kollegen wollten nicht unnötig viel mit Kurras zu tun haben und hielten ihn auf Abstand. Als er pensioniert wurde, seien alle froh gewesen, dass er weg war.

Irgendwann muss Kurras den Kontakt zum MfS wieder aufgenommen haben. Er hatte herausgefunden, dass Eiserbeck inzwischen in die Dienststelle Lichtenberg versetzt worden war. Seine Telefonnummer habe er auswendig gewusst, staunte Eiserbeck. Am 24. März 1976 begab sich Kurras schließlich gemeinsam mit seiner Frau um 12.15 Uhr über die Grenzübergangsstelle Friedrichstraße nach Ost-Berlin.[9] Das Paar ging in die Gaststätte des Hauses der Lehrer am Alexanderplatz. Der Ort muss als Treffpunkt vereinbart gewesen sein, denn um 13.15 Uhr setzte sich auch Eiserbeck an

Im März 1976 reiste Kurras mit seiner Frau Hannelore nach Ost-Berlin – das MfS war misstrauisch und fotografierte auf Schritt und Tritt.

einen Tisch. Der Führungsoffizier und sein ehemaliger Spion taten so, als würden sie sich nicht kennen. Allerdings stellten sie »mehrfach direkte Sichtverbindung« her, wie Eiserbeck später notierte. Nach einer Stunde ging der Stasi-Mann auf die Toilette. Kurras folgte ihm. Nun kam es zu einer Unterhaltung der zwei Männer, die sich immerhin vor fast 15 Jahren kennengelernt hatten. Kurras sprach Eiserbeck an und erkundigte sich nach dessen Wohlergehen. Er selbst sei bei bester Gesundheit, erzählte er »in sehr vertraulichen Ton«. Er berichtete über seine Arbeit in der Kfz-Fahndung. Seine Entwicklung sei durch das damalige Vorkommnis nicht mehr beeinträchtigt, er sei inzwischen zum Kommissar befördert worden, habe zwar alte Gönner verloren, aber neue gewonnen. Zum Abend des 2. Juni sagte er, die Situation sei zu einer »reinen Existenzfrage« geworden, »zu der Frage, ob Leben oder Tod«. Er habe sich nichts vorzuwerfen und auch nichts bereut. Kurras trug, so Eiserbeck, seine Darlegungen sehr impulsiv vor. Eiserbeck schlussfolgerte aus seinen Worten, dass Kurras »von der Richtigkeit seiner Handlungsweise überzeugt ist, kein Mitleid in irgendeiner Form hat und die Handlungen der anderen beteiligten Personen verurteilt«.

Darauf, dass es das erste Treffen seit 1967 war, deutet die Bemerkung Eiserbecks hin, Kurras habe sich so verhalten, »als ob das letzte Zusammentreffen erst vor wenigen Tagen stattgefunden hat. In seinem Verhalten waren keine Veränderungen gegenüber den von ihm bekannten Verhaltenseigenschaften zu bemerken«. Hätte es bereits zuvor ein Gespräch zwischen beiden gegeben, hätte Eiserbeck sich diese Bemerkung sparen können. Ausdrücklich betonte Kurras, dass sich seine Meinung zum MfS nicht geändert habe und er bereit sei, wieder mit ihm zusammenzuarbeiten. Dies habe er nicht kommentiert, sondern nur zur Kenntnis genommen, bemerkte Eiserbeck spitz. Ob es danach tatsächlich wieder zu einer Zusammenarbeit kam, wissen wir nicht. Die Akten sind an dieser Stelle im November 1989 auf Anordnung Eiserbecks deutlich ausgedünnt worden. Zur völligen Vernichtung reichte vermutlich in den wirren Wendemonaten einfach die Zeit nicht. Diese partielle Vernichtungsaktion könnte jedoch ein Hinweis auf eine weitere Zusammenarbeit sein – was sonst könnte anschließend noch so interessant gewesen sein, dass man es unbedingt geheim halten wollte? Auch die Tatsache, dass die Kurras-Akte offiziell erst am 15. Dezember 1987, als mehr als 20 Jahre nach seiner (vorläufigen) Abschaltung und mehr als elf Jahre nach dem Wiedersehen mit Eiserbeck von Gerhard Neiber, dem ersten Stellvertreter von Stasi-Chef Erich Mielke, geschlossen und mit dem Vermerk »gesperrt« abgelegt wurde, könnte ein Hinweis darauf sein.[10] Kurras war am 1. Dezember 1987 60 Jahre alt geworden und in Pension gegangen. Mit dem Eintritt in den Ruhestand hatte er kaum noch operativen Wert für das MfS. Irgendwann zuvor war die Akte offenbar aus dem Archiv zurückgeholt worden, wo sie schon 1970 als »geheim« gelagert worden war.

Gegen die These von einer Wiederbeschäftigung von Kurras beim MfS gibt es freilich ebenfalls gewichtige Gründe. So war die Gefahr der Enttarnung sehr groß, was wegen seiner Rolle als Auslöser für die Studentenbewegung besonders ärgerlich gewesen wäre. Die Frage ist aber auch, inwieweit man ihm überhaupt noch über den Weg traute. Nicht nur, weil der Mann viel durchgemacht hatte in den Jahren nach dem 2. Juni und man nicht wissen konnte, welche Wirkung das auf ihn gehabt hatte. Er hatte vor allem die vom Corpsgeist der Polizei geprägte Solidarität seiner Kollegen, der Polizeiführung und führender Politiker West-Berlins zu spüren bekommen. Die Gewerkschaft der Polizei hatte 60 000 DM für seinen Anwalt gesammelt. Ob dagegen seine Bitte an das MfS, ihm Geld zu übermitteln, erfüllt worden war, erscheint unwahrscheinlich und ist jedenfalls durch die vorliegenden Akten nicht belegt. Das Misstrauen zeigte sich schon in der Tatsache, dass Kurras bei seinem Besuch in Ost-Berlin vom MfS überwacht und fotografiert wurde.

Karl-Heinz Kurras könnte noch reden und über alle ungelösten Fragen Auskunft geben, wenn er wollte. Ob sein Bericht großen Wert hätte, darf allerdings bezweifelt werden. Nach seiner Enttarnung hat er sich wirr und widersprüchlich geäußert und mehr als einmal die Unwahrheit gesagt. Fakten aber bleiben: Er hat einen wehrlosen Menschen im Dienst erschossen, er hat freiwillig und aus Überzeugung für die Geheimpolizei einer sozialistischen Diktatur gearbeitet und dafür gleichwohl auch Geld angenommen. Er hat sein Land betrogen, seine Kollegen und seine Frau. Sie alle hatten eins gemeinsam – sie hatten jahrzehntelang keine Ahnung von seinem Doppelleben.

Kurras hat seine Taten nie bereut. »Wer mich angreift, wird vernichtet«, hatte er schon im August 1967 dem »Stern« zu seinem Schuss auf Ohnesorg gesagt. 42 Jahre später antwortete er Journalisten auf den Vorwurf, Spitzel des MfS gewesen zu sein: »Und wenn schon. Und wenn ich für die Stasi gearbeitet habe? Was macht das schon? Das ändert nichts.« Zur Rechenschaft gezogen wurde er für keine seiner Taten. Aber vielleicht ist es für ihn ja die schlimmste Strafe überhaupt, dass er erleben musste, dass die Demokratie, die er von innen bekämpfte, den Kalten Krieg überlebt hat und die menschenverachtende Diktatur, für die er sich mit Leib und Seele eingesetzt hat, 1989/90 unterging …

# Anhang

## Abkürzungen

| | |
|---|---|
| BBC | British Broadcasting Corporation |
| Bepo | Bereitschaftspolizei |
| BND | Bundesnachrichtendienst |
| BstU | Bundesbeauftragte für die Unterlagen des Staatssicherheitsdienstes der ehemaligen Deutschen Demokratischen Republik |
| CDU | Christlich Demokratische Union |
| CIA | Central Intelligence Agency, US-amerikanischer Geheimdienst |
| DDR | Deutsche Demokratische Republik |
| DM | Deutsche Mark |
| EKdo | Einsatzkommando |
| GdP | Gewerkschaft der Polizei |
| GHI | Geheimer Hauptinformator |
| GI | Geheimer Informant |
| GM | Geheimer Mitarbeiter |
| HPF | Hauptabteilung Passkontrolle und Fahndung |
| HV A | Hauptverwaltung Aufklärung |
| Kfz | Kraftfahrzeug |
| KGB | Komitet Gossudarstwennoi Besopasnosti, sowjetischer Geheimdienst |
| KKvD | Kriminalkommissar vom Dienst |
| KPD | Kommunistische Partei Deutschlands |
| Kripo | Kriminalpolizei |
| KW | Konspirative Wohnung |
| KZ | Konzentrationslager |
| LfV | Landesamt für Verfassungsschutz |
| MfS | Ministerium für Staatssicherheit |
| NATO | North Atlantic Treaty Organization |
| NSDAP | Nationalsozialistische Deutsche Arbeiterpartei |
| RAF | Rote Armee Fraktion |
| RHS | Revierhundertschaften |
| SED | Sozialistische Einheitspartei Deutschlands |
| Schupo | Schutzpolizei |

| SPD | Sozialdemokratische Partei Deutschlands |
| SS | »Schutzstaffel«, NS-Organisation |
| SSD | Staatssicherheitsdienst (der DDR) |
| Stasi | Staatssicherheit |
| WD | Westdeutschland |
| WB | Westberlin |

# Anmerkungen

## »Wir wollen in Ruhe gelassen werden«

1 Die folgenden Angaben basieren auf der aktuellen Presseberichterstattung vom August 2009 und werden hier nicht einzeln nachgewiesen.

## »Eine forsche Erscheinung«

1 MfS GH Nr. 2/70, Bd. 1, Bl. 14–17.
2 Ebd., Bd. 1, Bl. 2.
3 Ebd., Bd. 1, Bl. 14–17.
4 Allein im Jahr 1955 waren 252.800 Menschen aus der DDR in die Bundesrepublik geflohen; siehe: Armin Fuhrer, Von Diktatur keine Spur? S. 34.
5 MfS GH Nr. 2/70, Bd. 1, Bl. 18.
6 Gemeint ist die Polizei West-Berlins. Das SED-Regime gab ihr diesen Namen nach dem von 1948 bis 1963 amtierenden Polizeipräsidenten Johannes Stumm.
7 MfS GH 2/70, Bd. 1, Bl. 19.
8 Vgl. Armin Fuhrer: Erich Koch. Hitlers brauner Zar. Gauleiter von Ostpreußen und Reichskommissar der Ukraine.
9 Bei einer Untersuchung am 3. Juni 1967, am Tag, nachdem Kurras den Studenten Benno Ohnesorg erschossen hatte, fand ein Polizeiarzt vier alte Schusswunden, die vermutlich aus dem Kriegseinsatz resultieren; Ermittlungsakten der West-Berliner Staatsanwaltschaft, HIS 2. Juni 67 Kurras Aktenauszug 230, 11.
10 MfS GH Nr. 2/70, Bd. 1, Bl. 16 (Grund für die Verhaftung geschwärzt).
11 Volker Koop, Himmlers letztes Aufgebot. Die NS-Organisation »Werwolf«, Köln, Weimar, Wien 2009.
12 Vgl. www.stiftung-bg.de.
13 In den Akten heißt es später fälschlicherweise manchmal 1948.
14 Die Welt, 20. Juni 2009, S. 39.

15 Armin Fuhrer, Von Diktatur keine Spur. Mythen und Fakten zur ehemaligen DDR, S. 43 f.

16 MfS GH Nr. 2/70, Bd.1, Bl. 105 f.

17 MfS GH Nr. 2/70, Bd. 4, Bl. 84.

18 Kristie Macrakis, Die Stasi-Geheimnisse. Methoden und Technik der DDR-Spionage, S. 36 f.

19 MfS GH Nr. 2/70, Bd.1, Bl. 101–103.

## »Er verachtet das geistlose Leben«

1 MfS GH, Nr. 2/70, Bd. 17, Bl. 123.

2 Ebd., Bd. 17, Bl. 111.

3 Ebd., Bd. 1, Bl. 292.

4 Ebd., Bd. 2, Bl. 151.

5 Ebd., Bd. 7, Bl. 85.

6 Ebd., Bd. 7, Bl. 91.

7 Ebd., Bd. 7, Bl. 138.

8 Bild am Sonntag, 24. Mai 2009.

9 MfS GH, Nr. 2/70, Bd. 7, Bl. 182.

10 Ebd., Bd. 17, Bl. 111.

11 Ebd., Bd. 8, Bl. 108 f.

12 Charlotte Müller betreute drei Geheime Mitarbeiter und eine Kurierin bei der West-Berliner Polizei. Sie hatte drei verschiedene Tarnnamen. Kurras lernte sie zunächst als »Friedel Schüler« kennen und das blieb auch für ihn immer ihr offizieller Name. Sie schrieb ihre Berichte für das MfS jedoch unter dem Decknamen »Lotte Schwarz«. Aus Gründen der Einfachheit wird für sie daher dieser Tarnname verwendet. Kurras dürfte ihn spätestens nach seinen Ermittlungen gegen den Spion Hans Weiß (dazu vgl. Kapitel 4) gekannt haben.

13 Zum Folgenden: MfS GH Nr. 2/70, Bl. 236 f.

14 Ebd., Bd. 10, Bl.118.

15 Der 2. Juni 1967 und die Staatssicherheit, in: Deutschland-Archiv 42/2009, S. 395–400, hier S. 396.

16 MfS GH Nr. 2/70, Bd. 7, Bl. 106.

17 Ebd., Bd. 1, Bl. 113.

18 Ebd., Bd. 10, Bl. 150.

19 Ebd., Bd. 1, Bl. 105.

20 Ebd., Bd. 6, Bl. 188.

21 Klaus Schroeder, Der SED-Staat. Geschichte und Struktur der DDR, S. 53.

22 MfS GH Nr. 2/70, Bd. 2, Bl. 120.

23 Vgl. Armin Fuhrer, Von Diktatur keine Spur, S. 17–25; Klaus Schroeder, Der SED-Staat, S. 387–389.

24 Vgl. Stefan Finger, Franz-Josef Strauß. Ein politisches Leben, München 2005, S. 209–245, sowie Hans-Peter Schwarz, Adenauer, Bd. 2, Stuttgart 1991, S. 598–622.

25 MfS GH Nr. 2/70, Bd. 9, Bl. 212.

26 Ebd., Bd 8, Bl. 219 f.

27 Ebd., Bd.1, Bl. 205.

28 Ebd., Bd. 1, Bl. 207.

29 Ebd., Bd. 1, Bl. 127 f.

30 Ebd., Bd. 5, Bl. 108.

31 Ebd., Bd. 6, Bl. 220.

32 Vgl. Heinrich August Winkler, Der lange Weg nach Westen, Bd. 2, S. 190, sowie Hermann Weber, Geschichte der DDR, S. 266 f.

33 Vgl. www.madeingdr.de/gdrsite/tv/index_(2).htm.

34 MfS GH, Nr. 2/70, Bd. 9, Bl. 235.

35 Ebd., Bd. 8, Bl. 133.

## »Wir haben eine Kraft, die uns keiner nehmen kann«

1 MfS GH Nr. 2/70, Bd. 6, Bl. 187 f.

2 MfS BV Berlin, Nr. 20545/62, Bd. 3, Bl. 17.

3 Ebd. Bd. 2, Bl. 50.

4 Ebd. Bd. 3, Bl .31.

5 Ebd. Bd. 3, Bl. 33.

6 Ebd., Bd. 3, Bl. 46.

7 Ebd., Bd. 3, Bl. 17.

8 Ebd.

9 Ebd., Bd. 3, Bl. 29.

10 Ebd., Bd. 2, Bl. 44.

## »Verwertung nur äußerst konspirativ«

1 MfS GH, Nr. 2/70, Bd. 17, Bl. 209–232.

2 Ebd., Bd 7, Bl. 31 f.

3 Vgl. Frederick Taylor, Die Mauer. 13. August 1961 bis 9. November 1989, S. 138–141; Hans-Peter Schwarz, Adenauer, Bd. 2, S. 455–468.

4 MfS GH, Nr. 2/70, Bd. 7, Bl. 45 f.

5 Dazu: Daniel J. Goldhagen, Hitlers willige Vollstrecker. Ganz gewöhnliche Deutsche, München 1996, S. 219–335; Christopher R. Browning, Ganz

normale Männer. Das Reserve-Polizeibataillon 101 und die »Endlösung« in Polen, Reinbek 1993.

6 MfS GH, Nr. 2/70, Bd. 6, Bl. 273.

7 Ebd., Bd 7, Bl. 51.

8 Ebd., Bd. 7, Bl. 35.

9 Ebd., Bd. 7, Bl. 32f.

10 Ebd., Bd. 7, Bl. 57.

11 Ebd., Bd. 7, Bl. 83.

12 Der Freiheitsbund Berlin (oder Freiheitsschutz-Bund Berlin) war ein Ableger des Reichsbanners Schwarz-Rot-Gold, das sich vor 1933 für den Erhalt der Weimarer Republik eingesetzt hatte und vor dem Hintergrund der ideologischen Auseinandersetzungen zwischen West und Ost 1946 neu gegründet worden war. Er arbeitete eng mit der SPD zusammen. Sein erster Vorsitzender war der langjährige West-Berliner SPD-Chef Franz Neumann. Der Freiheitsbund war von einem strikten Antikommunismus geprägt, lehnte aber ebenso deutlich jegliche Art von Nationalismus und Revisionismus ab. Nach dem Bau der Mauer 1961 versank er weitgehend in der Bedeutungslosigkeit.

13 MfS GH Nr. 2/70, Bd. 7, Bl. 143.

14 Ebd., Bd. 7, Bl. 164.

15 Ebd., Bd. 8, Bl. 46.

16 Ebd., Bd. 8, Bl. 53.

17 Ebd., Bd. 8, Bl. 200.

18 Ebd., Bd. 10, Bl. 73f.

19 Vgl. Frederick Taylor, Die Mauer. 13. August 1961 bis 11. November 1989, S. 323–346.

20 Zum folgenden: MfS GH Nr. 2/70, Bd. 8, Bl. 151f.

21 Ebd., Bd. 8, Bl. 161.

22 Ebd. Bd. 7, Bl. 78.

23 Ebd., Bd. 7, Bl. 19.

24 Ebd., Bd. 10, Bl. 99.

25 Ebd., Bd. 10, Bl. 111.

26 Ebd., Bd. 10, Bl. 118a.

27 Ebd., Bd. 10, Bl. 152–166.

28 Ebd., Bd. 16, Bl. 119–123.

29 Ebd., Bd. 10, Bl. 135.

30 Ebd., Bd. 10, Bl. 165.

31 Ebd., Bd. 10, Bl. 172.

32 Ebd, Bd. 7, Bl. 154 und 160.

33 Ebd., Bd. 9, Bl. 178.

34 Ebd., Bd. 8, Bl. 38.

35 Ebd., Bd. 14, Bl. 334, 348–350 und 352–353.

36 Ebd., Bd. 16, Bl. 58.

37 Ebd., Bd. 16, Bl. 40.

38 Ebd., Bd. 10, Bl. 165.

39 Ebd., Bd. 10, Bl. 178.

40 Zu dem Fall siehe www.chronik-der-mauer.de. Hier findet sich auch eine RIAS-Reportage vom selben Nachmittag von der Stelle, an der Doebler erschossen worden war.

41 MfS GH, Nr. 2/70, Bd. 10, Bl. 179.

42 Ebd., Bd. 8, Bl. 196; zum Tode Jerchas: Arnold/Kellerhof, Die Fluchttunnel von Berlin, S. 72–78.

43 MfS GH, Nr. 2/70, Bd.16, Bl. 175, sowie http://www.bz-berlin.de/archiv/kurras-und-die-schoene-sex-agentin-der-stasi-article498158.html.

44 MfS GH, Nr. 2/70, Bd.16, Bl. 167 und 177; vgl. Der SPIEGEL, 24/2009, S. 44, und den Artikel von Stefan Apelius im Hamburger Abendblatt vom 12.12.2007: http://www.abendblatt.de/vermischtes/article507596/Das-einsame-Sterben-eines-Hamburger-CIA-Agenten.html.


## »Wer sind Sie, Dr. Sorge?«

1 MfS GH Nr. 2/70, Bd. 6, Bl. 68.

2 Ebd., Bd 11, Bl. 35. Es ist nicht ausgeschlossen, dass intensivere Forschungen noch weitere Spione bei der Spionage-Abwehr zutage fördern werden.

3 Ebd., Bd. 9, Bl. 152.

4 Ebd., Bd. 9, Bl. 153.

5 Ebd., Bd. 9, Bl. 153 f.

6 Richard Sorge war in Japan von 1933 bis zu seiner Enttarnung 1941 für den sowjetischen Geheimdienst tätig. Offiziell arbeitete er in Tokio als Korrespondent für die »Frankfurter Zeitung«. Bis zu Hitlers »Machtergreifung« war er Mitglied der KPD, während eines Aufenthalts in Moskau war er 1929 auch der KPDSU beigetreten. Zu Tarnzwecken wurde er auch Mitglied der NSDAP. Sorge lieferte wichtige Informationen aus Quellen, die bis in die Regierung reichten, nach Moskau. Unter anderem informierte er Stalin über den drohenden deutschen Angriff auf die Sowjetunion. 1941 flog Sorge auf, als ein japanischer Kontaktmann enttarnt wurde. 1944 wurde er in Tokio hingerichtet. 1964 ernannte Chruschtschow den erfolgreichen Spion posthum zum Ehrenbürger der Sowjetunion. Gerüchte, nach denen Sorge in Wahrheit als Doppelagent auch für die Japaner gearbeitet hatte, konnten weder bestätigt noch endgültig aus der Welt geschafft werden.

7 MfS GH Nr. 2/70, Bd. 10, Bl. 97.

8 Der italienisch-französisch-japanische Film mit Ingrid Bergmann, Thomas Holtzmann und Mario Adorf, war 1961, ein Jahr nach seinem Entstehen, in

der Bundesrepublik in einer gekürzten Version in den Kinos gelaufen. In der DDR kam er erst am 12. Februar 1965 in die Lichtspielhäuser – zehn Tage, bevor Eiserbeck in als Lehrmaterial für Kurras empfahl.

9 MfS GH Nr. 2/70, Bd. 10, Bl. 103.

10 MfS GH, Nr. 2/70, Bd. 16, Bl. 1 f.

11 Ebd., Bd. 16, Bl. 7 f.

12 In seinem Bericht vom 23. Februar hatte Kurras zunächst als Leiter der Abteilung I Kriminalrat Eitner genannt. Dies berichtigte er aber sechs Wochen später. Eitner war in Wirklichkeit Verbindungsmann zur Kripo; vgl. ebd., Bd. 16, Bl. 15.

13 Ebd., Bd. 11, Bl. 101.

14 Ebd.

15 Ebd. Bd. 11, Bl. 7; in Eiserbecks Bericht wird er Wardetski genannt, doch vermutlich handelt es sich dabei um einen Tippfehler.

16 Ebd., Bd. 11, Bl. 15.

17 Ebd., Bd. 10, Bl. 150.

18 Ebd., Bd. 11, Bl. 191.

19 Ebd., Bd. 11, Bl. 42.

20 Vgl. Kristie Macrakis, Die Stasi-Geheimnisse. Methoden und Technik der DDR.


## »Rabauken in Uniform«

1 MfS GH, Nr. 2/70, Bd. 9, Bl. 370–373.

2 Vgl. Hubertus Knabe, Der diskrete Charme der DDR, S. 292–294.

3 MfS GH, Nr 2/70, Bd. 7, Bl. 31.

4 Ebd., Bd. 6, Bl. 242.

5 Vgl. Armin Fuhrer, Hitlers brauner Zar. NS-Gauleiter von Ostpreußen und Reichskommissar der Ukraine.

6 MfS GH Nr. 2/70, Bd. 7.

7 Vgl. www.cine-holocaust.de/cgi-bin/gdq?efw00fbw003357.gd.

8 Vgl. Sven Felix Kellerhoff, Stasi-Mord nach 52 Jahren aufgeklärt, in: Die WELT vom 8.4.2008: http://www.welt.de/berlin/article1879094/Stasi_Mord_nach_52_Jahren_aufgeklaert.htm

9 MfS GH Nr. 2/70, Bd. 5, Bl. 22.

10 Ebd., Bd. 11, Bl. 25.

11 Ebd., Bd. 7, Bl. 43.

12 Ebd., Bd. 7, Bl. 21.

13 Ebd., Bd. 7, Bl. 62.

14 Ebd., Bd. 7, Bl. 93.

15 Ebd., Bd 9, Bl. 231.

16 Ebd., Bd. 9, Bl. 235.
17 Ebd., Bd. 1, Bl. 221.
18 Ebd., Bd. 10, Bl. 108.
19 Auskunft des SPD-Landesverbandes Berlin auf Anfrage des Autors vom 29. Juli 2009.

## »Der GM hat die Chiffre begriffen«

1 Vgl. zum Beispiel die Auflistung MfS Nr. GH Nr. 2/70, Bd. 4, Bl. 5.
2 Vgl. Kristie Macrakis, Die Stasi-Geheimnisse. Methoden und Technik der DDR-Spionage, S. 269–300.
3 MfS GH Nr. 2/70, Bd. 1, Bl. 114.
4 Vgl. Frederick Taylor, Die Mauer, S. 181.
5 MfS GH Nr. 2/70, Bd. 8, Bl. 123.
6 Ebd., Bd. 1, Bl. 120.
7 Ebd., Bd. 9, Bl. 181.
8 Ebd., Bd. 9, Bl. 186.
9 Ebd., Bd. 10, Bl. 99.
10 »SSD-Agenten« war der Ausdruck der West-Berliner Behörden für MfS-Spione.

## »Er lässt dann kaum mit sich reden ...«

1 MfS GH, Nr. 2/70, B. 8, Bl. 133.
2 Ebd., Bd. 8, Bl. 127.
3 Ebd., Bd. 8, Bl. 133.
4 Zur Lage in den letzten Monaten vor dem Mauerbau siehe Armin Fuhrer, Von Diktatur keine Spur, S. 31–38, sowie Frederick Taylor, Die Mauer, S. 171–204.
5 Vgl. Der Tagesspiegel Nr. 4874 vom 20. 9. 1961, S. 12.
6 Kristie Macrakis, Die Stasi-Geheimnisse. Methoden und Technik der DDR-Spionage, S. 21.
7 MfS GH, Nr. 2/70, Bd. 8, Bl. 129.
8 Ebd., Bd. 8, Bl. 138.
9 MfS BV Berlin 20545/62, Bd.1, Bl. 0000.
10 Ebd., Bd. 1, Bl. 110–113.
11 MfS GH Nr. 2/70, Bd. 10, Bl. 109.
12 Ebd., Bd. 10, Bl. 161.
13 Ebd., Bd. 10, Bl. 94.
14 MfS BV Berlin 20545/62, Bd. 7, Bl. 31.

15 Vgl. Regina Scheer, »Im Schatten des Denkmals«, in: Berliner Zeitung vom 14. 8. 2004: http://www.berlinonline.de/berliner-zeitung/archiv/.bin/dump. fcgi/2004/0814/magazin/0002/index.html.

16 Kristie Macrakis, Die Geheimnisse der Stasi-Überwachung. Methoden und Technik der DDR-Spionage, S. 30.

17 MfS BV Berlin 20545/62, Bd. 1, Bl. 53.

18 MfS GH, Nr. 2/70, Bd. 16, Bl. 88.

19 Ebd., Bd. 1, Bl. 234.

20 Ebd., Bd. 9, Bl. 65.

21 Ebd., Bd. 9, Bl. 63 f.

22 Ebd., Bd. 9, Bl. 65.

23 Ebd., Bd. 9, Bl. 252.

24 Ebd., Bd. 9, Bl. 67.

25 Vgl. zum Beispiel den Bericht aus dem Juni 1956, ebd., Bd. 5, Bl. 81.

26 Ebd., Bd. 10, Bl. 170 f.

27 Ebd., Bd. 10, Bl. 173.

28 Ebd., Bd. 10, Bl. 172.

29 Ebd., Bd. 10, Bl. 213.

30 Akte Müller, Bd. 2, Bl. 29.

## »Die singen ja wunderbar«

1 MfS GH Nr. 2/70, Bd. 2, Bl. 8.

2 Ebd., Bd. 15, Bl. 114.

3 Ebd., Bd. 16, Bl. 80.

4 Ebd., Bd. 16, Bl. 83.

5 Ebd., Bd. 16, Bl. 151.

6 Ebd., Bd. 14, Bl. 64.

7 Ebd., Bd. 14, Bl. 65.

8 Ebd., Bd. 2, Bl. 93.

9 Ebd., Bd. 15, Bl. 112–146.

10 Ebd., Bd. 15, Bl. 113.

11 Ebd., Bd. 15, Bl. 108.

12 Ebd., Bd. 15, Bl. 137.

13 Ebd., Bd. 2, Bl. 34.

14 MfS BV Berlin 20545/62, Bd. 2, Bl. 56.

15 MfS BV Berlin 20545/62, Bd. 2, Bl. 84.

16 Ebd.

17 Es ist durchaus möglich, dass die Durchsicht ihrer Akte Hinweise auf weitere Spitzel bei der West-Berliner Polizei bringt.

18 MfS GH, Nr. 2/70, Bd. 11, Bl. 96.

19  Ebd., Bd. 11, Bl. 121.
20  Ebd., Bd. 2, Bl. 33.
21  Ebd., Bd 1, Bl. 227 (a).
22  Ebd., Bd. 2, Bl. 34.
23  MfS BV Berlin 20545/62, Bd. 2, Bl. 55.
24  MfS GH, Nr. 2/70, Bd. 16, Bl. 150.
25  Ebd., Bd 15., Bl. 227.


## »Wer mich angreift wird vernichtet«

1  Zu den Ereignissen siehe ausführlich: Uwe Soukup, Wie starb Benno Ohnesorg?
2  MfS GH, Nr. 2/70, Bd. 17, Bl. 149–155.
3  Ebd., Bd. 3, Bl. 19.
4  Ebd., Bd. 3, Bl. 47.
5  Ebd., Bd. 17, Bl. 128.
6  Ebd., Bd. 3, Bl. 120.
7  Der SPIEGEL, 25/2009, S. 20.
8  BZ vom 7.6.2009; auch für das Folgende.
9  Zum folgenden: MfS GH, Nr. 2/70, Bd. 17, Bl. 97 f.
10  Ebd., Bd. 17, ohne Signaturnummer.

# Personenregister

# Quellen und Literatur

## Quellen

BStU, MfS GH, Nr. 2/70
BStU, MfS, BV Berlin 20545/62
Hamburger Institut für Sozialforschung, HIS 2. Juni 76 Kurras Aktenauszug
230,11

## Literatur

Arnold, Dietmar / Kellerhof, Sven Felix: Die Fluchttunnel von Berlin, Berlin 2008

Bailey, George / Kondraschow, Sergej A. / Murphy, David E.: Die unsichtbare Front. Der Krieg der Geheimnisse im geteilten Berlin, Berlin 2000

Browning, Christopher: Ganz normale Männer. Das Reserve-Polizeibataillon 101 und die »Endlösung« in Polen, Reinbek 1996

Dörrenberg, Dirk: Erkenntnisse des Verfassungsschutzes zur Westarbeit des MfS, in: Herbstritt/ Müller-Enbergs, Das Gesicht dem Westen zu, S. 72–111

Eisenfeld, Bernd / Engelmann, Roger: 13. August 1961. Mauerbau, Fluchtbewegung und Machtsicherung, Berlin ²2001.

Engelmann, Roger: Zur »Westarbeit« der Staatssicherheit in den fünfziger Jahren, in: Herbstritt/ Müller-Enbergs, Das Gesicht dem Westen zu, S. 143–153

Eppelmann, Rainer / Möller, Horst / Nooke, Günter / Wilms, Dorothee (Hrsg.): Lexikon des DDR-Sozialismus, Paderborn, München, Wien, Zürich ²1997

Finger, Stefan: Franz Josef Strauß. Ein politisches Leben, München 2005

Flemming, Thomas: Berlin im Kalten Krieg. Der Kampf um die geteilte Stadt, Berlin 2008

Flemming, Thomas / Koch, Hagen: Die Berliner Mauer. Geschichte eines politischen Bauwerks, Berlin ⁴2008

Fuhrer, Armin: Von Mythos keine Spur? Mythen und Fakten über die DDR. München 2009

Ders.: Erich Koch. Hitlers brauner Zar. Gauleiter von Ostpreußen und Reichskommissar der Ukraine, München 2009

Gieseke, Jens: Die DDR-Staatssicherheit. Schild und Schwert der Partei, Bonn 2000

Ders.: Das Ministerium für Staatssicherheit, in: Torsten Dietrich, Hans Ehlert, Rüdiger Wenzke, Handbuch der bewaffneten Organe der DDR, Berlin 1998, S. 371–422

Goldhagen, Daniel Jonah: Hitlers willige Vollstrecker. Ganz gewöhnliche Deutsche und der Holocaust, Mai 1998

Herbstritt, Georg / Müller-Enbergs, Helmut (Hrsg.): Das Gesicht dem Westen zu… DDR-Spionage gegen die Bundesrepublik Deutschland, Bremen ²2003

Kappelt, Olaf: Braunbuch DDR. Nazis in der DDR, Berlin 2009

Knabe, Hubertus: Der diskrete Charme der DDR, Berlin 2002

Ders.: Die Täter sind unter uns, Berlin 2007

Köhler, Henning: Adenauer. Eine politische Biographie, Frankfurt a. M., Berlin 1997

Macrakis, Kristie: Die Stasi-Geheimnisse. Methoden und Technik der DDR-Spionage, München 2009

Mählert, Ulrich. Kleine Geschichte der DDR 1949–1989, München ⁵2006

Müller-Enbergs, Helmut / Jabs, Cornelia: Der 2. Juni 1967 und die Staatssicherheit, in: Deutschland-Archiv 42 (2009), S. 396–400

Müller-Enbergs, Helmut: Was wissen wir über die DDR-Spionage, in: Herbstritt / Müller-Enbergs, Das Gesicht dem Westen zu, S. 34–72

Schwan, Heribert: Erich Mielke. Der Mann, der die Stasi war. München 1997

Soukop, Uwe: Wie starb Benno Ohnesorg. Der 2. Juni 1967, Berlin 2007

Schroeder, Klaus: Der SED-Staat. Partei, Staat und Gesellschaft 1949–1990, München 1998

Taylor, Frederick: Die Mauer. 13. August 1961 bis 9. November 1989, München 2009

Weber, Hermann: Geschichte der DDR. München ²2000

Winkler, Heinrich-August: Der lange Weg nach Westen, Bd. 2: Deutsche Geschichte vom »Dritten Reich« bis zur Wiedervereinigung, München 2000

Wolf, Markus: Spionagechef im geheimen Krieg. Erinnerungen. München 1997

## Abbildungsnachweis

bpk   61, 129
BStU   11, 19, 39, 45, 115, 131, 139, Umschlagrückseite
Bundesarchiv   14 (Bild 183-57717-0001)
Landesarchiv Berlin   95
ullsteinbild   137
Stasimuseum Berlin   91 (Foto: John Steer)

Die Umschlagvorderseite wurde gestaltet unter Verwendung je eines Bildes von ullsteinbild und dpa/picture alliance.

# Der Autor

Armin Fuhrer, geboren 1963 in Düsseldorf, besuchte nach dem Studium der Geschichte und Politikwissenschaft die Axel-Springer-Journalistenschule und war von 1994 bis 2000 Redakteur bei der Tageszeitung »Die Welt«. Seitdem ist er als Hauptstadt-Korrespondent für das Magazin FOCUS in Berlin tätig. Bisher von ihm erschienen sind u.a. die Bücher: »Die Todesfahrt der Wilhelm Gustloff«, »Erich Koch – Hitlers brauner Zar« sowie »Von Diktatur keine Spur? Mythen und Fakten über die DDR«.

# Mauer, Tunnel und Agenten

Thomas Flemming

## Berlin im Kalten Krieg

Der Kampf um die
geteilte Stadt

ISBN 978-3-8148-0162-9
80 Seiten, Paperback, 54 Abbildungen, 9,90 Euro [D]

In Berlin war der Kalte Krieg heißer als anderswo. Nirgendwo
sonst standen sich die Siegermächte des Zweiten Weltkriegs
so nah gegenüber. Was sich schon mit Berlin-Blockade und
Luftbrücke abzeichnete, fand seinen Höhepunkt im Bau
der Berliner Mauer. Nicht ohne Grund bilden die Glienicker
Brücke oder der alliierte Checkpoint Charlie an der Friedrichstraße den Hintergrund für zahlreiche Spionage-Thriller.
Aber auch im realen Leben spielten sich an der innerstädti-
schen Grenze dramatische und ergreifende Szenen ab.